Reflexionen finsterer Zeit

Reflexionen finsterer Zeit

Zwei Vorträge

von

Fritz Stern

und

Hans Jonas

herausgegeben
von

Otfried Hofius

J.C.B. Mohr (Paul Siebeck) Tübingen

CIP-Kurztitelaufnahme der Deutschen Bibliothek

Reflexionen finsterer Zeit: 2 Vorträge /
von Fritz Stern u. Hans Jonas. Hrsg. von
Otfried Hofius. – Tübingen: Mohr, 1984.
  Enth.: Der Nationalsozialismus als Versuchung /
  von Fritz Stern. Der Gottesbegriff nach Auschwitz /
  von Hans Jonas
  ISBN 3-16-844900-8

NE: Stern, Fritz [Mitverf.]; Jonas, Hans [Mitverf.];
Hofius, Otfried [Hrsg.];
Stern Fritz: Der Nationalsozialismus als Versuchung;
Jonas, Hans: Der Gottesbegriff nach Auschwitz

Vorwort

Die Evangelisch-theologische Fakultät der Eberhard-Karls-Universität Tübingen verleiht alljährlich für wissenschaftliche Arbeiten von herausragendem Rang den Dr. Leopold-Lucas-Preis. In dem vorliegenden Band werden die beiden Festvorträge veröffentlicht, die anläßlich der Preisverleihung des Jahres 1984 von den Preisträgern Professor Dr. Hans Jonas und Professor Dr. Fritz Stern gehalten wurden. Den Band beschließt die von dem Dekan des akademischen Jahres 1983/84 vorgetragene Laudatio, deren einleitende Worte über Geschichte und Zielsetzung des Dr. Leopold-Lucas-Preises Auskunft geben.

Inhalt

Der Nationalsozialismus als Versuchung

von

Fritz Stern

Für Felix Gilbert
Vorbild historisch–politischer Vernunft
in dankbarer Verehrung

Am Anfang war die Frage: »Ist der Nationalsozialismus Deutschlands Rettung?« Dies war der Titel eines
Vortrags, den Theodor Heuss in Tübingen 1931 gehalten und mit einem nüchternen, ironischen Nein beantwortet hat – bei aller Anerkennung nationalsozialisti-
scher Ziele und Wünsche[1]. Allein schon die Fragestellung wies auf die Verheißung der Nationalsozialisten
hin: Deutschland bedürfe der Rettung – der Führer sei
der Erlöser aus der Not.

Das war der Anspruch des Nationalsozialismus: ein
verunsichertes und mit sich selbst verfeindetes Volk
von sämtlichen Übeln zu befreien – von Übeln, die
meist von den sogenannten November-Verbrechern
herstammten, von Marxisten und Juden. Die inneren
Feinde haben dem deutschen Volk den Dolchstoß gegeben, es seiner Macht und Ehre beraubt. Der Nationalsozialismus verspricht etwas radikal Neues: eine
nationale Wiedergeburt, eine Volksgemeinschaft aus
arischer Rasse, ein starkes Reich, das von den Versailler Fesseln befreit werden wird und das dann als be-
waffnete Großmacht notwendigen Lebensraum erobern wird. Der Klassenkampf wird überwunden, das
Volk wird wieder geeignet, ein mächtiger Führer wird
das Dritte Reich beherrschen; Feinde werden ausgesto-
ßen – und die Juden, die an allem Unglück schuld sind,
werden von der Volksgemeinschaft ausgeschlossen;
Parteien wird es nicht mehr geben, der Führer verkör-
pert den Willen des Volkes als tatkräftiger Diktator.

So ungefähr das Programm in Worten. Es wurde

aber in genialer Weise vorgespielt in Massenver-
sammlungen und Fackelzügen, in Uniformmanie und
Flaggenmeer. Die Nationalsozialisten produzierten
Politik als Nationaldrama. Hitler und seine Gehilfen
waren Regisseure der Gefühle, Zauberer, die mit den
Marios im Volke gepielt haben; sie waren auf der politischen Bühne Weimars, was Max Reinhardt oder Leopold Jessner im echten Theater waren. Joachim Fest hat
mit Recht den »liturgischen Veranstaltungszauber«
hervorgehoben, der das »verlorene Gefühl der Zusam-
mengehörigkeit und kollektiver Kameraderie zurück-
gegeben« hat[2]. In einer »scharfen Auseinandersetzung
mit den Nationalsozialisten« in seiner letzten Reichs-
tagsrede 1932 sprach Theodor Heuss von den »fabel-
haften Leistungen propagandistischer Natur (des Nationalsozialismus), jenes eingeübte Wechselspiel, das
zugleich den Helden und den Heiligen kennt: das eine
Mal der große sieghafte Mann, das andere Mal der
Märtyrer und die verfolgte Unschuld«.[3]

Die Nationalsozialisten haben Politik in permanen-
ten Rausch umgesetzt. Die große Anziehungskraft des
Nationalsozialismus lag in der einzigartigen Demago-
gie des Führers und der Dramaturgie des Aufwands,
jener Symbolik, die viel von Kirche, Jugendbewegung, Armee und italienischem Faschismus übernom-
men hat – und doch vom Nationalsozialismus zu einem neuen Stil geformt wurde. Zu diesem Stil gehörte
vor 1933 die Drohung mit Terror und Gewalt, nach
1933 der brutale Einsatz von Terror. Aber Gewalt –
gerade bei einem gedemütigten, sich vergewaltigt füh-
lenden Lande – imponierte, verschüchterte, widerte

an. Der einzelne mag alle drei Reaktionen auf einmal
gespürt haben.

Bei allem Rausch darf man nicht vergessen, daß
Hitler seine Brutalität nie ganz verborgen hat – weder
in Worten, noch in Taten. Im Gegenteil. ›Mein Kampf‹
– allein der Titel sagt viel – war eine kaum verkappte
Aufforderung zu einem neuen Krieg. Und was anderes
als Auftakt zur Gewalt bedeuteten die Uniform mit
Knüppel, die Fahnen und der Dolch, die Kriegsgesän-
ge und die Riesenaufmärsche? Und wußte man nicht
ganz genau, daß der mildere italienische Faschismus
auch mit Mord und Terror regierte? Hitler hatte einen
unbändigen Willen zur Macht, er verlangte nach
Macht, um seine eigenen Dämonen zu bändigen. Die
SA lieferte wilde Straßenschlachten und verherrlichte
die Opfer in ihren eigenen Reihen. Im August 1932
versicherte Hitler den Mördern von Potempa, daß er
für die »Kameraden . . . unbegrenzte Treue« habe[4]. Es
gab genügend Anzeichen, die man mit einigermaßen
offenen Augen hätte sehen müssen und die einen hätten
wissen lassen, daß das Dritte Reich, wenn es jemals
kommen sollte, eine Schreckensherrschaft über
Deutschland errichten würde.

Die Versuchung vor 1933 bestand darin, dieser Partei zu glauben, an Hitler als Erlöser, an eine nationale
Wiedergeburt zu glauben, kurzum: sich einem Diktator
zu ergeben, an ein Wunder zu glauben. Hitler beschwor den menschlichen Willen und die göttliche
Vorsehung. Für einen unpolitischen Menschen, einen
wirklichkeitsfremden Menschen, entzweit mit seiner
Welt und vielleicht an den heroischen Irrationalismus

gewöhnt, war das religiös-mystische Element im Nationalsozialismus unheimlich anziehend. Die Versuchung bestand darin, sich diesem nationalen Rausch hinzugeben – trotz (oder auch wegen) der Drohung mit Gewalt. Der Weg zum Nationalsozialismus ging durch eine Wüste persönlicher Ängste und nationaler Ressentiments; die Siegesgewißheit und – trügerische – Geschlossenheit des Nationalsozialismus war bestechend. Hier endlich war ein Appell an das Nationale; da fiel es vielen leicht, das Ominöse, radikal Böse im Nationalsozialismus zu übersehen, zu entschuldigen. Man klammerte sich an das pseudo-religiöse Element, das Versprechen der Erlösung, das der Nationalsozialismus so geschickt und vielschichtig suggerierte. Man mußte sich über vieles hinwegsetzen, viele Warnungen ignorieren, um sich diesem Glauben zu verpflichten. Die meisten Anhänger hatten wahrscheinlich ihre eigenen Vorstellungen von dem, was der Nationalsozialismus *wirklich* darstellte. Manches glaubte man nicht, man fesselte sich an das, was einen besonders beeindruckte oder was Not tat, und nahm das Allgemeine, das Versprechen einer starken nationalen Volksgemeinschaft, als das Gemeingültige, als den Kern der Verheißung. Die Begeisterung von Millionen, die sich schon vor 1933 der Bewegung anschlossen, erinnert an Nietzsches Ausspruch: »Müdigkeit, die mit *einem* Sprunge zum Letzten will, mit einem Todessprunge, eine arme unwissende Müdigkeit, die nicht einmal mehr wollen will: die schuf alle Götter und Hinterwelten.«[5]

Auch die Eliten haben sich dieser Müdigkeit hingegeben, sind der Versuchung anheimgefallen. »Das Versagen der deutschen Eliten«, das Hans Mommsen vor kurzem in einem Artikel beschrieb, war eine der wichtigsten Vorbedingungen für Hitlers Triumph[6]. Viele von den Hütern der Moral, von Universitätsprofessoren und Geistlichen (besonders Geistlichen der evangelischen Kirchen), Künstlern, Schriftstellern und Menschen in freien Berufen waren stark anfällig für den Nationalsozialismus – für seinen Inhalt und für seine Form. Also gerade die Menschen, die von ihrer eigenen höheren Intelligenz (und Schulung) überzeugt waren und glaubten, daß sie für Staat und Volk eine besondere Verantwortung trugen! Gerade unter ihnen war eine gewisse Sympathie für den Nationalsozialismus frühzeitig vorhanden. Aber auch unter anderen selbstbewußten und traditionsreichen Schichten, wie z. B. Armee, Beamtentum und alter Adel, warb der Nationalsozialismus mit besonderem Erfolg. Diese Schichten haben nicht einheitlich reagiert, ebenso wie einzelne sich nicht konsequent verhielten; aber viele von ihnen haben ›mitgemacht‹ oder sympathisiert, und nur wenige von ihnen haben öffentlich vor Hitler gewarnt – vor 1933, als dies noch ohne Gefahr hätte geschehen können. In diesen Kreisen wurden Selbstinteresse und Standesinteressen ins Idealistische verklärt: man war national, und das hieß anti-republikanisch und anti-demokratisch; aber diese Haltung war oft eine Legitimation für Parteien der Oberschichten.

Bei jeglicher Beurteilung solchen Verhaltens, besonders nach 1933, muß man Takt und Vorsicht üben und sich an Ralf Dahrendorfs Warnung erinnern:

»Überhaupt steht es dem nicht zu, moralische Urteile über andere zu fällen, der selbst nicht in die Versuchung geführt wurde.«[7] Dazu eine persönliche Bemerkung: *mir* ist die Versuchung erspart geblieben – nicht aus Verdienst meinerseits, sondern weil ich vollblütiger Nichtarier bin, dem die Versuchung verboten war. Sehr wohl erinnere ich mich, wie Mitschüler von der HJ begeistert waren, wie anziehend, fesselnd, dieses Gemeinschaftserlebnis gewesen sein muß, wie schwer das Ausgeschlossensein einem gefallen ist. Für mich gab es andere Versuchungen – besonders nachdem ich 1938 als Zwölfjähriger Deutschland verlassen hatte. Ich will auch keine leichtfertigen Urteile fällen, sondern nur die Eliten und den Nationalsozialismus ernst nehmen sowie das Wort von Gottfried Benn beherzigen: »Wir waren nicht alle Opportunisten«[7a]. Man muß die Menschen aus der damaligen Zeit verstehen und wissen, daß sie bis zu einem gewissen Grade unschuldig, unwissend gewesen sein konnten. Und dennoch: es ist wohl unvermeidlich, daß man die Anhänger und Befürworter des Nationalsozialismus mit dem Maßstab ihrer eigenen Zeitgenossen mißt. Es gilt hier die Anfälligkeit gerade der deutschen Eliten zu verstehen – und dabei kann ich nicht meine Bewunderung vor jenen Menschen verleugnen, die sich der Versuchung erwehrt haben oder die Selbsttäuschung eingestanden und oft dafür gelitten haben. Von keinem Menschen darf man das Martyrium erwarten. Die Zeit des Dritten Reiches ist eine menschlich beschämende Zeit gewesen, in der Niedertracht und Rohheit, Lüge, Opportunismus und Feigheit triumphierten. Um so

mehr sollte der Historiker und Bürger dankbar anerkennen, daß es selbst oder vielleicht gerade in dieser
Zeit auch andere gab, deren sittliche Größe, deren
Anstand, deren Opferbereitschaft unvergeßlich sein
müßten.

Der Nationalsozialismus war etwas Neues im deutschen Leben, und die meisten Menschen reagierten in
viel komplizierterer, schwankenderer, unklarerer, widersprüchlicherer Weise, als man gewöhnlich annimmt. Natürlich gab es begeisterte Anhänger und
unerbittliche Gegner; aber Anhänger wurden auch
wieder zu Gegnern, und Gegner hatten auch ihre
Zweifel. Vor der Machtübernahme konnten und mußten die Menschen wählen: da gab es noch klare Entscheidungen, oft offen getroffen. Nach 1933 wurden
die Menschen durch Macht und Erfolg – und auch
zunehmenden Terror – verwirrt oder eingeschüchtert.

Für den Historiker sind Fragen menschlichen Verhaltens und menschlicher Motivation immer schwer
zu behandeln; für die Zeit des Nationalsozialismus sind
diese Fragen besonders heikel. Das Bestechende am
Nationalsozialismus, vielleicht an jeder totalitären
Diktatur unseres Jahrhunderts, war das Versprechen
der absoluten Autorität; hier war Klarheit, Unzweideutigkeit. Und doch, für viele Menschen war der
Nationalsozialismus eine zweideutige Erscheinung.
Hingerissen von Erfolgen, war man besorgt über den
Terror und um die Zukunft. »Freudeschlotternd« –
um das Wort Karl Kraus' zu benutzen – erfuhren viele
den Nationalsozialismus. Hinter einem »Heil Hitler«
konnten sich immer noch Vorbehalte verstecken.

Trotz innerer Emigration konnte man immer noch heimliche Bewunderung für den Führer haben; das war sogar unter Juden möglich. Viele mögen ein offenes Bekenntnis abgegeben haben, PGs geworden sein – und trotzdem im privaten Bereich, in diskreter Unterhaltung, versucht haben, sich zu distanzieren – dies auch als eine Art moralischer Rückversicherung.

Und woher die Quellen, die der Historiker braucht? Im Dritten Reich gab es Zensur und Hausdurchsuchungen: Briefe und Tagebücher waren gefährlich. Wie klar, wie bewußt war sich der einzelne über seine eigenen Motive, wie weit war man beeinflußt von dem Verhalten anderer, wie weit war man schwankend, unsicher, vorsichtig – auch sich selbst gegenüber? Sicher gab es viele Menschen, die weder für noch gegen den Nationalsozialismus waren, die sich von Ereignissen haben beeinflussen lassen, die sich mit einer Geste von Anpassung psychischen Spielraum erkauft haben. In diesem Spielraum konnte man sich unentschlossen, zweideutig verhalten.

II

Die Anziehungskraft des Nationalsozialismus und die Anfälligkeit der Deutschen, besonders der deutschen Eliten, kann nur im Zusammenhang der sozialen Wirklichkeit und der europäischen Geisteswelt und Psyche verstanden werden. Nur wenn man gleichzeitig langdauernde historische Prozesse berücksichtigt, wie zum Beispiel die Säkularisation in Deutschland, oder ein anscheinend plötzlich auftretendes Phänomen wie die Weltwirtschaftskrise, kann man den Triumph des Nationalsozialismus begreifen. Ich will an einige dieser Vorgänge erinnern – in schrecklicher Komprimiertheit.

Ich nenne hier als Beispiel für die fortschreitenden Prozesse die Säkularisation im 19. und 20. Jahrhundert. Im protestantischen Deutschland wurde dieser Prozeß – außer zur Zeit des Kulturkampfes – nicht zum öffentlichen Streit. In aller Stille verminderte sich der Einfluß der protestantischen Kirche und Religion. Der Prozeß wurde verschleiert, indem man alte religiöse Bräuche und Begriffe – die Ehrfurcht und die Andacht – in dieser Welt verankerte und sie auf das Volk, auf den Staat oder auf Institutionen der Kultur bezog. Schon am Anfang des 19. Jahrhunderts hat der Neuhumanismus einen neuen Glauben vermittelt: den Glauben an Bildung und Selbstentfaltung, der der Rechtfertigung des Lebens dienen sollte. Der neue Glaube verneinte nicht das Christentum, sondern verdrängte es, besonders unter den gebildeten Schichten*. Das heim-

---

* In einer Neuausgabe von Friedrich Schleiermachers Reden »Über die Religion« beschrieb Rudolf Otto die religiöse Lage der Zeit um 1800: »Aber eben vor diesem ästhetischen Empfinden einerseits und diesen moralischen Tendenzen andererseits war die Religion in den Winkel geraten. Sie war überflüssig, sie war nicht mehr zeitgemäß. Man haßte sie nicht, aber man verachtete sie als etwas, was man nicht mehr braucht. Man war gebildet und voller Ideale, man war ästhetisch, man war moralisch: aber man war nicht fromm.« FRIEDRICH SCHLEIERMACHER, Über die Religion. Reden an die Gebildeten unter ihren Verächtern, 5. Auflage, hrsg. von Rudolf Otto, Göttingen 1926, S. IV.

liche Ideal war die klassische Welt, das verklärte Grie-
chenland; vor ein paar Jahrzehnten erschien ein engli-
sches Buch ›The Tyranny of Greece over Germany‹.

Man hoffte damals, daß für die niedrigen Klassen
eine Mischung von christlichem Glauben und staats-
treuer Kirche genügen würde. Und doch verloren im
Laufe des 19. Jahrhunderts Bildung wie Staatskirche
die unmittelbare Kraft der Verpflichtung. Im protestantischen Deutschland wurde dieser Vorgang allerdings weitgehend verschwiegen und verschleiert.
Aber schon vor 1914 haben Theologen und Zeitkriti-
ker wie Ernst Troeltsch die Schwächen des Protestantismus erkannt. Nach dem Sturz des wilhelminischen
Reiches, in der verbitterten Atmosphäre der Weimarer
Republik, wurde die Stellung der protestantischen
Kirchen noch weiter geschwächt. Weimar wurde als
»gottloser« Staat beschimpft[8]. Unter diesen Verhält-
nissen konnte der neu auftretende Führer behaupten, er
sei von der Vorhersehung auserkoren. Der Nationalsozialismus als ›verkappte Religion‹ ist eine alte Mär,
kompliziert und verdeckend, aber doch hinweisend
auf ein unvermeidliches Thema. Wir wissen auch, daß
der Nationalsozialismus im katholischen Bayern begann, aber im protestantischen Norden seine Massen-
unterstützung fand.

Ebenfalls nur skizzenhaft kann ich auf jene Geistes-
strömung in Europa hinweisen, die oft als ›konservative
Revolution‹ bezeichnet worden ist und die man auch
als eine Art Sehnsucht nach einem ›gesunden‹ Faschismus betrachten könnte. Die geistigen Vorväter dieser
Revolution waren Nietzsche und Dostojewskij. Ich

habe Lagarde, Langbehn und Moeller van den Bruck als repräsentative Beispiele dieser Revolution im deutschen Leben behandelt[9]. Die Auflehnung des deutschen Geistes gegen den Westen, der Haß gegen die Moderne – in Wirtschaft, Politik, Kunst – und gegen alles, was schlechthin als liberal bezeichnet werden konnte: all das hat nicht nur die drei Propheten aus drei verschiedenen Generationen ergriffen, sondern viele Intellektuelle, besonders im Nachkriegsdeutschland, wo der Haß gegen den Westen durch den Versailler Frieden neuen Vorschub erhielt.

Aber schon vor hundert Jahren wurde in Frankreich das neue Verlangen und das neue Verstehen des Menschen ins Politische übersetzt. Ich erinnere in Stichworten an LeBon, Sorel, auch an Bergson und Durkheim, aber hauptsächlich an Barrès, Maurras und Edgar Drumont. Seit 1880 gab es in Europa eine Sehnsucht nach einer radikal neuen Gesellschaft, einer neuen Bindung und Autorität – und eine leidenschaftliche Abneigung gegen das bestehende System. Man bekämpfte die moderne Welt schlechthin: das Materialistische und Korrupte in dieser Welt, die Demokratie und das Parteien-Parlament, den allzu toleranten Liberalismus, den ausbeutenden und rein materialistischen Kapitalismus. Das alles war zu verwerfen, war Betrug an der wirklichen Nation – und oft sah man im Modernen das Werk der Juden. Drumonts ›La France juive«, diese einzige Anklage gegen die Vorherrschaft der Juden, war mit das erfolgreichste Buch des ausgehenden 19. Jahrhunderts. Barrès schrieb seinen Roman über die Entwurzelten – und das Hauptverlangen jener Ge-

nerationen war, sich von einer entwurzelnden Freiheit
zu befreien. Man wollte eine neue religiöse Bindung,
eine neue nationale Ordnung, einen starken Menschen
in einem geschlossenen Volk; die Deutschen der damaligen Zeit träumten bereits von einem neuen Caesar,
einem Führer. Unter französischen Intellektuellen war
diese Haltung weit verbreitet, aber das politische Leben war weiterhin beherrscht von der republikanischen Wirklichkeit, die für Millionen ihren eigenen
Mythos hatte, nämlich die Ideen von 1789. Erst die
Niederlage von 1940 verhalf dem französischen Faschismus dazu, näher an die Macht zu kommen; die
vorhergehende und tief wurzelnde Kritik an der Republik konnte eine Revolution von Rechts nicht zustande
bringen.

1927 beschrieb Hugo von Hofmannsthal den Sinn
der konservativen Revolution: »Nicht Freiheit ist es,
was sie zu suchen aus sind, sondern Bindung . . . Nie
war ein deutsches Ringen um Freiheit inbrünstiger und
dabei zäher als dieses in tausend Seelen der Nation vor
sich gehende Ringen um wahren Zwang und Sichver-
sagen dem nicht genug zwingenden Zwang.«[10] Man
darf nicht vergessen, wie stark, wie weit verbreitet
diese Sehnsucht nach Bindung und Ordnung war.
Auch diese Tatsache muß man berücksichtigen. Auch
sie hat dazu beigetragen, daß der Faschismus, als er
tatsächlich aufkam, einen großen Widerhall gerade
auch unter Intellektuellen fand. Der Faschismus hatte
seine geistigen Anhänger ebenso wie der Kommunismus. Es gab zu jener Zeit zwei Götter oder Götzen, die
oft aus sicherer Distanz bewundert wurden. Ein Fa-

schismus ohne Terror, ein Nationalsozialismus ohne
Krieg und Judenverfolgung wäre noch populärer ge-
wesen, aber Krieg und Terror waren unablösliche
Bestandteile des neuen ›Idealismus‹. Um noch einmal
Nietzsche zu zitieren: »Der ganze große Hang der
Deutschen ging gegen die Aufklärung . . .«[11], gegen
den Rationalismus; der Glaube an einen deutschen
Sonderweg – weder westliche Zivilisation noch östli-
che Barbarei, weder Kapitalismus noch Marxismus –
war ungeheuer stark und anhaltend.

In den letzten Jahren der Republik gab es einen neuen
Aufbruch von Rechts, der sich an den Gedanken Os-
wald Spenglers und Moeller van den Brucks orientier-
te. Spenglers Idee von einem »preußischen Sozialismus«, einem autoritären, strammen Sozialismus, der
auf Volksgemeinschaft, nicht auf marxistischem Klassenkampf beruhe, wurde oft mit dem Nationalsozialismus verwechselt. Ich erinnere an Hans Zehrers Kreis
um ›Die Tat‹ und an Edgar Jung, dessen ›Herrschaft
der Minderwertigen‹ ein einziger Angriff auf das parla-
mentarische System war. Jung schrieb nach der Präsi-
dentenwahl von 1932, daß es um »die Liquidation des
Weimarer Liberalismus mitsamt seinem außen- und
innenpolitischen Defaitismus« gehe. »Dieser sterben-
de Liberalismus war in einer entsetzlichen Lage . . .
Wir freuen uns nicht nur . . . über den wachsenden
Stimmenanteil der Nationalsozialisten, sondern wir
haben das Unsrige zu diesem Wachstum beigetragen.
In unsagbarer Kleinarbeit, besonders in den gebildeten
Schichten, haben wir die Voraussetzungen für jenen
Tag geschaffen, zu dem das deutsche Volk den

nationalsozialistischen Kandidaten seine Stimme
gab . . .«[12] Genau zwei Jahre später, nachdem er für
Franz von Papen den Text einer Mahnrede gegen den
»widernatürlichen Totalitätsanspruch« der Nationalsozialisten geschrieben hatte, wurde Edgar Jung von
den Nationalsozialisten am 1. Juli 1934 ermordet.
Trotz seiner Absage an das Weimarer ›System‹, trotz
den eben zitierten Worten aus dem Jahre 1932, war
Jung ein früher und entschiedener Gegner der Nationalsozialisten – und aus den Reihen der konservativen
Revolution war er eines der ersten Opfer.

Und noch ein Beispiel aus den letzten Jahren der
Republik: Ich möchte an Hans Freyer erinnern, den
weit bekannten deutschen Soziologen, dessen ›Revolution von Rechts‹ 1931 erschien und großes Aufsehen
erregte. Freyer hatte etwas Paradigmatisches an sich:
Sohn eines evangelischen Pfarrers, studierte er zunächst Theologie und sattelte dann auf Geisteswissen-
schaft und Soziologie um. Er war sein ganzes Leben
lang bemüht, eine Art nationale Seelsorge auszuüben
und durch eine engagierte Wissenschaft das deutsche
Volk zu einer neuen Volksgemeinschaft zu führen. An
seiner Sprache und seinem Auftreten merkte man sofort, daß er ›jugendbewegt‹ war, d. h., daß er ein lei-
denschaftlicher Gegner der liberalen, bürgerlichen,
materialistischen Gesellschaft war – aus Überzeugung
und aus eigener existentieller Erfahrung. In seiner ›Revolution von Rechts‹ beschwor er die historische Notwendigkeit einer konservativ-revolutionären Lösung
– gerade in dem Moment, als Luzifer ante portas stand.
Freyer, Universitätsprofessor in Leipzig, bekannte

sich vor 1933 noch nicht zum Nationalsozialismus, aber sein Traktat war Werbung für *seine* Idee vom Nationalsozialismus – ohne daß der Name von Partei oder Führer gefallen wäre. Damals – vor 1933 – war es für Beamte und Soldaten verpönt, wenn nicht verboten, sich zu einer Partei zu bekennen; aber die antidemokratischen Argumente, das Verlangen nach einem autoritären Staat, der den Klassenkampf überwinden würde, die nationale Leidenschaft, der aktivistische Stil: alles deutete auf Zuneigung zu Hitlers NSDAP. Nach der Machtübernahme hat Freyer sich dem Nationalsozialismus angeschlossen und ihn als die Krönung der Kulturkritik und der Jugendbewegung des 19. Jahrhunderts und als Anerkennung der einzigartigen Bedeutung des politischen Führertums begrüßt. Am Ende wurden die Nationalsozialisten mißtrauisch und hielten ihn für einen ›Konjunkturritter‹. Er selbst kam nach ein paar Jahren der Begeisterung zur Ernüchterung. Für viele, die aus den Reihen der konservativen Revolution kamen, war der Nationalsozialismus am Anfang Erfüllung und am Ende Enttäuschung[13].

Die sogenannte konservative Revolution und der Nationalsozialismus hatten viel Gemeinsames, besonders in ihrer Kritik am Bestehenden, in ihrem Verlangen nach Volksgemeinschaft, in ihrem Streben nach einem neuen Glauben. Aber die konservative Revolution war Theorie und Traum, da wurde noch mit Ideen gekämpft. Die Anhänger der konservativen Revolution haben dem Nationalsozialismus wichtigen Vorschub geleistet. Sie waren es, die die Oberschicht bis dicht an das Dritte Reich führten. Thomas Mann be-

zeichnete sie als »Schrittmacher des Elends«, deren
Schicksal er nicht bemitleide[14]. Die Jünger der konservativen Revolution waren enttäuscht von der nationalsozialistischen Wirklichkeit. In der Geschichte wie im
Leben bereut man manchmal das erstrebte und erreichte Ziel, weil es der Hoffnung nicht entspricht.

Die biblische Versuchung kam nach vierzig Tagen
und Nächten in der Wüste. In den letzten Jahren Weimars fühlten sich viele Deutsche wie in einer Wüste:
verloren, verdorrt, verdurstet. Zum dritten Mal in
fünfzehn Jahren befanden sie sich in größter Not. Im
Schrecken des Ersten Weltkrieges erhielten die Deutschen ihre politische Erziehung, zu einer Zeit, da die
Nation wie nie zuvor total mobilisiert und zugleich
total machtlos war. Erst kam die Begeisterung vom
August 1914, die Begeisterung angesichts der Möglichkeit, zu dienen und zu opfern. Dann kam die Wirklichkeit, nämlich die Erfahrung, daß Leben und Tod
vom Politischen abhängen, daß Politik tatsächlich
Schicksal ist, wie das schon Napoleon Goethe in Erfurt
erklärte. Deutschland wurde politisiert und polarisiert
zu einer Zeit des organisierten Hasses, der systemati-
schen Lüge und des ständig wachsenden Mißtrauens
Deutscher gegenüber Deutschen. Dann kam die Niederlage – und die Oberschicht, die an Kriegsausbruch
und Kriegsdauer stark mitschuldig war, wälzte sämtli-
che Verantwortung auf die unglücklichen Erben des
Bankrotts ab, auf die Politiker und Parteien, die nach
der Niederlage die Verantwortung für Waffenstill-
stand und Frieden übernahmen. Jubelnd marschierte
ein scheinbar geeintes Volk in den Krieg, bedrückt und

uneinig kehrte es aus ihm zurück. Alle Demütigungen und Verluste, die ein verlorener Krieg mit sich brachte, wurden von den sogenannten Nationalen mit dem inneren Feind identifiziert. Nach Jahren der Unruhen und Mordanschläge kam 1923 die zweite Krise, die Inflation, in der eine bürgerliche Regierung ihre Bürger enteignete, und am Ende der zwanziger Jahre kam es zur großen Wirtschaftskrise und zu ständig ansteigender Arbeitslosigkeit. Weimar war die verlängerte Schuldenrechnung für den Ersten Weltkrieg, und der Nationalsozialismus war eigentlich nichts anderes als die Fortsetzung des Krieges und der Kriegspsychose mit anderen Mitteln. Weimar ist bis heute noch das klassische Beispiel einer polarisierten und verunglückten Demokratie, der Inbegriff politischer Zerrissenheit, ungenügender Führungskraft und fehlenden Konsenses. Daß das Stresemannsche Weimar auch ein Beispiel von erfolgreichem Durchhalten war, blieb nur wenigen im Bewußtsein. Nach 1930 und der sich immer mehr verschärfenden Krise verlangten Deutsche aller Parteien nach größerer Staatsautorität.

Die Folgen der Wirtschaftskrise waren verheerend – und die Eliten waren besorgt, daß das materielle Elend in politische Radikalität umgesetzt werden könnte. Damals hätte Deutschland einen De Gaulle gebraucht, der auf konservativ-demokratische Weise dem Lande eine neue, straffe Verfassung hätte geben und gleichzeitig durch sein Führungsgeschick für diese Verfassung Respekt hätte gewinnen können. Einen deutschen De Gaulle gab es nicht, oder er wurde in geteilten Rollen gespielt. Zusätzlich zu Wirtschaftskrise und

Hoffnungslosigkeit kam es zu einer Dauerkrise im öffentlichen Leben; das Land wurde durch Schlägereien und Straßenunruhen verunsichert.

III

Die Nationalsozialisten hatten ihre ersten großen Erfolge – z. B. in der deutschen Studentenschaft – schon vor der Weltwirtschaftskrise. Die Wahl von 1930 bestätigte diese Erfolge: das war der wirkliche Durchbruch des Nationalsozialismus – ein Durchbruch, bei dem die Jugend eine wichtige Rolle spielte. Die Neuwähler damals waren die Kinder des ersten Weltkrieges, die ohne Väter aufwachsen mußten. In einer neuen Krise haben sie sich an einen Führer geklammert. Aber auch die älteren Generationen waren verunsichert, und in ihrer Angst um die Zukunft verfielen Millionen dem Nationalsozialismus.

Auch noch nach der Wahl von 1930, aus der die Nationalsozialisten als zweitgrößte Partei in den Reichstag zogen, hätte eine demokratische Koalition die Krise überwinden können. Vorbedingung wäre die Zusammenarbeit zwischen Sozialdemokratie und Zentrum gewesen. Die Mächtigen in Politik und Wirtschaft aber wollten die Krise benutzen, um eine autoritäre Staatsform zu errichten, um die Sozialdemokratie und die Arbeiterschaft zu schwächen. Hitler war der erste Politiker gewesen, der das Fußvolk für eine völkische Wende mobilisieren konnte. Jetzt hoffte man, seine Truppen für eigene Zwecke einsetzen zu können.

Zwei Jahre lang haben die Nationalsozialisten immer neue Stimmen gewonnen, und nur Hindenburgs Widerstand hat es vermocht, sie von der Macht fernzuhalten. Im November 1932 erlitten sie ihren ersten schweren Rückschlag, und ein so kluger und kenntnisreicher Beobachter wie Konrad Heiden glaubte, daß der Nationalsozialismus durch innere Spaltungen und Gegenwehr sich bald verlaufen würde. In einer Art Nachruf erkannte Heiden, daß der Nationalsozialismus auch etwas zurücklassen würde, nämlich »die politische Leidenschaft im Volk. Diese Leidenschaft hat eine Fülle von Untaten erzeugt, aber unser Volk auch vor zuviel Nüchternheit bewahrt . . . [Der Nationalsozialismus] hat der Nation in vielem geschadet, in vielem aber auch gedient, und wäre es auch nur dadurch, daß er wie keine andere Bewegung dem deutschen Hang zum Absurden große Form gab: in seinem Marsch ohne Ziel, seinem Taumel ohne Rausch, seinem Glauben ohne Gott und selbst im Schrecklichsten, seinem Blutdurst ohne Genuß.«[15] Der Nationalsozialismus hat dem Volk die Leidenschaft wiedergegeben, dieselbe Leidenschaft, die sich im August 1914 in einer Kriegseuphorie ausdrückte.

Politische Leidenschaft und wirtschaftliche Not prägten die letzten Jahre Weimars. Die extremen Parteien – NSDAP und KPD – arbeiteten zusammen im gemeinsamen Kampf gegen die Republik. Der Verfall Weimars und der Aufstieg des Nationalsozialismus waren zwei verschiedene, aber immer wieder miteinander verbundene Prozesse. Die Eliten verzweifelten an der ungeliebten Republik und näherten sich immer mehr dem triumphierenden Nationalsozialismus.

Erlauben Sie mir, die Anfälligkeit der Eliten und die
Erfolge des Nationalsozialismus am Beispiel Tübin-
gens zu erläutern. Das geschieht nicht aus unfreundli-
cher Undankbarkeit gegenüber dieser herrlichen
Stadt, sondern weil wir zufällig Belege haben, die auf-
schlußreich sind und die im Sinne Max Webers eine
Art idealtypische Funktion haben könnten. Was sich in
Tübingen abspielte, beleuchtet den Prozeß der Nazifi-
zierung, einen Prozeß, der noch komplizierter war als
die sogenannte Entnazifizierung nach dem Kriege. Die
Tübinger Professoren waren überwiegend Gegner der
Weimarer Republik, sie waren national gesinnt, was
damals hieß, daß man den bestehenden Staat ablehnte
und verachtete. National gesinnt: also gegen die Demokratie, gegen das Parteiensystem, gegen die sogenannte November-Revolution und selbstverständlich
gegen den Versailler Vertrag und die Erniedrigung
Deutschlands, die durch den berühmten Dolchstoß
verschuldet war. Dazu kam die Ablehnung des Marxismus und der Sozialdemokratie und die Todesangst
vor dem Bolschewismus. Meist war wohl auch mehr
als ein Hauch Antisemitismus dabei, ein unangeneh-
mes Gefühl, daß die Juden ein undeutsches Element
darstellten, unruhig, aufdrängend, zersetzend. Theodor Eschenburg, der 1924 nach Tübingen kam, erin-
nerte sich an die »antidemokratische Haltung« und die
»Verachtung gegenüber der Republik«, die die führen-
den Historiker ihren Studenten in den Vorlesungen
sorglos vermittelten. »Diese Verbindung von Wissen-
schaftlichkeit und Ressentiment war das Gefährliche
. . . Wer sich zur Demokratie bekannte, sie bejahte,

auch wenn es nur in privatem Kreise geschah, galt gesellschaftlich in den weiten Kreisen der Professorenschaft als anrüchig. «[16] Kein Wunder, daß der Tübinger nationalsozialistische Studentenbund, gegründet 1926, im Jahre 1932 bereits fünfzig Prozent der AStA-Sitze gewonnen hatte und daß der Senat der Universität den Studentenbund mit »ängstlichem Opportunismus und vielfach verdeckten Sympathien« behandelte. Wie die Universität, so die Stadt: Im Juli 1932 erhielten die Nationalsozialisten vierzig Prozent der Tübinger Stimmen, ein etwas höherer Prozentsatz als im Lande überhaupt. Der evangelische Stadtpfarrer war schon vor 1933 Mitglied der Partei, und der Gemeindepfarrer war Ortsgruppenleiter[17]. Nach dem 30. Januar 1933 hat sich die Universität sehr schnell selbst gleichgeschaltet, und viele Professoren, ehemalige Sympathisanten, haben sich eilig in die Partei eingeordnet – diese Zuläufer nannte man damals die Märzgefallenen oder Spätlese 1933.

Zu Tübingen noch zwei Bemerkungen. Ein Theologe erzählte mir vor kurzem von einem Erlebnis in Tübingen Anfang der 50er Jahre. Er war damals Schüler im Rothfels'schen Oberseminar über das Dritte Reich. Waldemar Besson, der als Assistent die Diskussion leitete, kam ins Seminar und wandte sich mit seiner ganzen Vitalität und Überzeugung an jeden der Studenten und sagte: Und wenn Du 1933 im Gefahrenalter gewesen wärest, dann hättest Du der SA angehört, und Du der Gestapo, und Du hättest auch mitgemacht, usw. So hatte mein Freund Besson die Anziehungskraft des Nationalsozialismus verstanden. Je-

denfalls war es eine ungewöhnliche Geste, im Nachkriegsdeutschland so offen und ehrlich über die Versuchung durch den Nationalsozialismus zu sprechen.
Keiner von uns ist gegen eine Versuchung gefeit – und
das konnte gerade ein Waldemar Besson behaupten,
der mit seinem ganzen Leben und Charakter ein Vorbild deutscher Demokratie gewesen ist.

Tübingen war aber auch die Universität, an der 11
von den ermordeten Opfern des 20. Juli studiert haben, unter ihnen Klaus und Dietrich Bonhoeffer, Carl
Goerdeler und Berthold Schenck von Stauffenberg.
Am 20. Juli 1984 – also nach 40 Jahren! – wurde ihnen
eine Gedächtnistafel gewidmet: »In ihrer Jugend Studenten der Universität Tübingen, gingen sie mit anderen im Widerstand gegen den Nationalsozialismus in
den Tod.«

Tübingen war eher Regel als Ausnahme. Die überwiegende Mehrheit der deutschen Professoren lehnten
Weimar ab. 1926 hat Friedrich Meinecke, selbst ein
Vernunftsrepublikaner, ein Republikaner faute de
mieux, versucht, ein paar Universitätsprofessoren zu
sammeln, die zur Anerkennung der Verfassung bereit
wären, denn: »Was ist das für ein Unglück, daß unserer
Studentenschaft die heutige Staatsform verekelt wird,
zwar nicht immer direkt – das wagt man nur zuweilen
durch eingestreute Bosheiten zu tun – aber indirekt
durch die politische Gesamtstimmung ihrer Lehrer.«
Sein Ziel war bescheiden. Er wollte nicht etwa einen
Bund republikanischer Hochschullehrer gründen,
»denn wir würden dann nur eine fest abgezirkelte Minoritätsgesellschaft bilden, die man mit allen Mitteln

des gesellschaftlichen Boykotts unschädlich machen würde«[18].

Die Ablehnung Weimars ging weit über die Professorenschaft und die Rechtsparteien hinaus*. Die Eliten haben durch den Zusammenbruch des Kaiserreiches materiellen wie psychischen Schaden erlitten. Adel, Agrarier, Armee, Kirche und die alte Oberschicht von Bildung und Besitz verloren viele ihrer Privilegien. Neue Kräfte stiegen auf: Sozialdemokraten, Arbeiter, Linksintellektuelle und Juden. Die Einführung einer ›westlichen‹ Demokratie, mit Parteien und Parlamentsherrschaft, mit Koalitions- und Kompromißzwang: all das war in deutschen Kreisen schon längst verpönt. Die glorreiche (und fatale) Autorität des Kaisers war verschwunden. An seine Stelle traten die glanzlosen, wenn auch tüchtigen Berufspolitiker, wobei die Kontinuität des Beamtentums das Wirken der Repu-

---

* Unabhängige sowie Leute von Links waren auch verzweifelt über die Republik. Nach endlosem Streit in der Sektion für Dichtkunst der Preußischen Akademie der Künste – in dem Thomas Mann sich immer wieder mit völkischen Schriftstellern anlegte – entschied Hermann Hesse sich zum Austritt aus der Sektion und schrieb an Mann Ende 1931 von seinem »tiefen Mißtrauen gegen die deutsche Republik. Dieser haltlose und geistlose Staat ist entstanden aus dem Vakuum . . . Die paar guten Geister der ›Revolution‹, welche keine war, sind totgeschlagen, unter Billigung von 99 Prozent des Volkes. Die Gerichte sind ungerecht, die Beamten gleichgültig, das Volk vollkommen infantil . . . Kurz, ich finde mich von der Mentalität, welche Deutschland beherrscht, genauso weit entfernt wie in den Jahren 1914–1918.« Zitiert in: INGE JENS, Dichter zwischen Rechts und Links. Die Geschichte der Sektion für Dichtkunst der Preußischen Akademie der Künste dargestellt nach Dokumenten, München, 1971, S. 124.

blik erschwerte, ohne ihr Ansehen zu erhöhen. Die
Grundstimmung der Eliten war Ablehnung und Ressentiment. Diese Gefühle fanden ihren Ausdruck in der
Tradition der deutschen Ideologie, in dem alten anti-
westlichen Affekt, im Kulturpessimismus.

Ablehnung brauchte nicht zum Nationalsozialismus
zu führen, aber die bewußte Ablehnung so wie die oft
unbewußte Unbefriedigtheit, die von der stillschwei-
genden Säkularisierung des Protestantismus herrühr-
te, haben die Anfälligkeit verstärkt. Am Ende der 20er
Jahre standen die meisten Mitglieder der Elite dem
Nationalsozialismus mit gehemmter Sympathie gegenüber, abwartend, unsicher, und doch eigentlich
beeindruckt und hoffnungsvoll. Wahrscheinlich
schämten sich viele der Versuchung.

Klaus Scholder hat die Reaktion der gespaltenen
evangelischen Kirchen beschrieben. Auch die Kirchen
fühlten sich heimatlos in Weimar, erschreckt von dem
Bündnis von Marxismus und Katholizismus, ohne
selbst den alten Rückhalt in der Monarchie zu haben.
Der Nationalsozialismus hat einen großen Teil der
Pfarrer tief beeindruckt. Im März 1931 beschrieb das
größte kirchliche Organ, die ›Allgemeine Evange-
lisch-Lutherische Kirchenzeitung‹, den Nationalsozialismus als »Erhebung deutschen Jungvolkes, das die
Schmach des Vaterlandes tief empfindet, die Vergif-
tung deutschen Denkens durch Fremde haßt und ver-
abscheut, das die alten Tugenden, Wahrhaftigkeit, Ehre und Treue auf seine Fahnen geschrieben hat«. Gegen
diese Meinung konnten Paul Tillich und die religiösen
Sozialisten und auch die Barth-Schüler kaum ankom-

men: Scholder zitiert die Worte eines Barth-Schülers, Richard Karwehl, der im Nationalsozialismus nichts anderes sah, als »faktisches Messiastum«. Die Kirche aber hat resigniert: »Dort [beim Nationalsozialismus] ist jetzt Kraft, Leidenschaft und Gläubigkeit. Dort sind Märtyrer, wenn auch Märtyrer des Säkulums. Der Nationalsozialismus ist hemmungslos eschatologisch . . . Die Kirche dagegen pflegt ein individualistisches Seligkeitschristentum in Verbindung mit kleinbürgerlicher Ideologie und kirchlicher Selbstzufriedenheit.«[19]

In der katholischen Welt – die ja aus politischen und kirchlichen Gründen dem Nationalsozialismus viel kritischer gegenüberstand – gab es Stimmen wie die des Kapuzinerpaters Ingbert Naab, der im Jahre 1931 eine Schrift veröffentlichte: ›Ist Hitler ein Christ?‹ – eine Frage, die er mit Leidenschaft verneinte. Hitler sei kein Christ, er wolle »allgemeine Entmündigung«, und Naab war entsetzt, daß im Protestantismus wie unter den gebildeten Schichten Hitlers verbrecherische Natur nicht erkannt wurde. Die katholische Kirche werde die Bewegung überleben: »Die Kosten wird der deutsche Protestantismus zahlen müssen, der nur die schwere nationale Not sieht und sich dabei das Fundament der christlichen Weltbetrachtung in vielen seiner Anhänger zertrümmern läßt.« Den Gebildeten warf Naab vor: »Wo bleibt ihre Bildung? Ihr Wissen? Ihre Logik? . . . Wir wissen nicht, wie es mit unserem armen Vaterlande weitergeht. Aber das wissen wir: Wenn wir eine recht harte Katastrophe erleben müssen, dann trägt ein hoher Prozentsatz unserer gebilde-

ten Welt einen guten Teil der Schuld. Und das Schuld-
konto heißt: mangelndes Wissen, fehlende Logik,
schwacher Charakter, Scheinchristentum. «[20]

Die ›gebildete Welt‹ wandte sich immer mehr dem
Nationalsozialismus zu: aus Anerkennung seiner nationalen Ziele und in heller Verzweiflung über Weimar. So glaubte Carl Goerdeler, daß der Staat versagt
habe, daß er seinen Aufgaben nicht mehr gewachsen
sei[21]. Auch Johannes Popitz sprach von Weimar als
von einem »kraftlosen, der Nation entfremdeten Staat
mit einer nur formalen, uneinheitlichen, polykrati-
schen Verfassung . . . So bleibt nur der Weg der Revolution. «[22] Beide waren Männer des späteren Widerstandes. Hans Mommsen meint, daß »die Tatsache,
daß es der NSDAP seit 1929 gelang, unter der Beam-
tenschaft zahlreiche Anhänger zu gewinnen, . . . die
tiefe Krise des republikanischen Staatswesens« beleuchtet[23]. Führer der Reichswehr waren auch tief beeindruckt von dem Erfolg der neuen Bewegung. Kurt
von Schleicher glaubte, man hätte die Nationalsozialisten erfinden müssen, wenn es sie nicht schon gäbe[24].
Da er sie aber benutzen und spalten wollte, haben die
Nationalsozialisten ihn am 30. Juni ›unerfunden‹. Die
Reichswehr sah mit Genugtuung, daß der Nationalsozialismus den nationalen Gedanken betonte und das
Versailler Diktat immer wieder angriff. Von 1930 an
sah General Beck, die spätere Schlüsselfigur des Widerstandes, »die einzige Hoffnung für das Reich in
einer Machtübernahme durch die Nationalsozialisten. « So hat er auch den Wahlsieg der Nationalso-
sten vom September 1930 begeistert begrüßt. Er sah,

daß NSDAP und Armee in vielem übereinstimmten: »Autoritärer Staat, Abschaffung des Parlaments, Wehrhaftmachung des Volkes, die Armee als Trägerin dieses Volksgedankens und damit ihre besondere Rolle im Staat.«[25] Der Vorsitzende der deutschen Adelsgenossenschaft, Fürst Adolf zu Bentheim Tecklenburg-Rheda, erklärte seinen Standesgenossen am Adelstag 1932: »Wir stehen an einer Schicksalswende. Mit elementarer Gewalt ringt die nordische Seele in unserem Volke mit den artfremden Mächten, die westlerische, undeutsche Demokratie uns beschert hat. Wieder einmal lodern die Flammenzeichen, und aus dem Norden bricht der Freiheit Licht. Erkenne deine Wesensart, deutscher Adel, erkenne die Stunde deines Volkes . . . Der Adel gehört nicht in die Reihen der jammernden Pazifisten, sondern dahin, wo Blut fließt.« Egal wie man persönlich über die nationalsozialistische Bewegung denke, »es stecken in ihr so enorme Kräfte; sie gilt es, im Sinne einer staatspolitischen Führung unseres Geistes einzusetzen«[26].

Die meisten Menschen mußten den Nationalsozialismus aus der Perspektive ihrer eigenen Erfahrungen und Interessen beurteilen. Daher auch die grundverschiedenen Ansichten über den Nationalsozialismus, die in den letzten Jahren Weimars auftauchten. Die meisten haben ihn verkannt, auch seine Gegner haben ihn verkannt, auch ein Kurt Schumacher, der den Nationalsozialisten im Reichstag 1932 zurief: »Der Nationalsozialismus ist nichts als ein Appell an den Schweinehund im Menschen.« Der Marxismus konnte damals nicht die psychologische Kraft des Nationalsozia-

lismus verstehen – und der Kommunismus hat sie bis
heute noch nicht verstanden. Aber auch die Befürworter des Nationalsozialismus haben seinen Eigenwillen
und seine Brutalität mißverstanden. Ein begeisterter
junger Nationalsozialist, Fritzi von der Schulenburg,
sagte 1932: »An die _Idee_ [des Nationalsozialismus]
glaube ich fest . . . ich bleibe bei ihr, es sei denn, daß
man das Volk und seinen Glauben verrät«[27]. Auch
Schulenburg fand seinen Weg zum Widerstand. Nach
dem gescheiterten 20. Juli wurde er hingerichtet.

Die Politiker der Rechtsparteien betrachteten Hitler
als den großartigen Trommler. Mit seinen Zielen hatten sie schon immer sympathisiert, aber jetzt galt es,
ihm die Massen abtrünnig zu machen und sie für eigene
taktische Zwecke zu gewinnen. Aber Politiker und
Wirtschaftsführer, die sich dieser Hoffnung hingaben,
machten ihre Rechnung ohne Hitler, ohne den Mann,
den der amerikanische Historiker Gordon Craig als das
einzige politische Genie in der Weimarer Zeit aner-
kannte[28]. Der Gedanke, die Nationalsozialisten an die
Macht – die wirkliche oder die angebliche Macht – zu
bringen, war weit verbreitet; so hat z. B. der nicht-
arische Großindustrielle Paul Silverberg diese Lösung
befürwortet[29]. Das Zentrum spielte mit dem Gedanken einer Koalition, obwohl Brüning bis zuletzt dem
Nationalsozialismus feindlich gegenüberstand. In den
wenigen Wochen, in denen Kurt von Schleicher
Reichskanzler war, hoffte er, die NSDAP zu spalten,
um für eine vernünftige Wirtschaftspolitik eine Koalition von Gewerkschaftlern und sozialem Flügel der
NSDAP zusammenzubringen. Aber Franz von Papen,

der Erz-Intrigant, kam ihm zuvor und redete dem
Reichspräsidenten ein, man müsse jetzt Hitler zum
Reichskanzler ernennen, um ihm durch eine nicht-
nationalsozialistische Mehrheit im Kabinett die Verantwortung, nicht aber die Macht zu geben. Eine der
dümmsten Illusionen jener Zeit!

IV

Die große Wende kam mit der sogenannten Machtergreifung, einem Triumph der Dramaturgie; mit ihr
gelang es, aus Intrigantenspiel ein Siegeserlebnis nationaler Erhebung zu gestalten. In dem Moment, als Hitler Reichskanzler wurde, konnte er nicht nur mit seinem eigenen Millionen-Gefolge rechnen, sondern mit
dem Gehorsam der eingeschüchterten Obrigkeitsgläu-
bigen. *Nach* der Machtergreifung war die Versuchung
noch viel größer.

Der 30. Januar hatte zwei Seiten: Er war legal und
verfassungsmäßig – der 85jährige Reichspräsident er-
nannte den Führer der größten Partei zum Reichskanzler, ohne ihm Präsidialmacht zu geben. Gleichzeitig
und in aller Öffentlichkeit wurde dieser umbraust vom
Jubel seiner Anhänger; die Machtergreifung wurde in
Fackelzügen inszeniert, die SA beherrschte die Stra-
ßen. Dieses gewaltige Auftreten war sowohl ein Zeichen des Triumphes wie auch eine unausgesprochene,
fürchterliche Drohung mit Gewalt. Zwei Tage später
kam die Rundfunkrede Hitlers – so national und doch
nicht revolutionär, am Ende wurde in tiefster Demut

der Allmächtige beschworen. Für jene Tage und Wochen gab es drei Charakteristika:

1. Das immer wieder betonte Bekenntnis zur nationalen Tradition, zur Kontinuität, die dann im März in Potsdam noch ganz besonders eindrucksvoll gefeiert wurde. Jetzt war der Nationalsozialismus verantwortungswürdig, jetzt konnte man sich wieder mit Staat und Macht identifizieren – und sich nationaler Hoffnung hingeben.

2. Das Versprechen der nationalen Erhebung: die begeisterte Volksgemeinschaft, ganz so wie im August 1914; der Aufbruch zu etwas Neuem, das Unwahrscheinliche an der Machtergreifung des »böhmischen Gefreiten«; dann wieder das Erlebnis von Ordnung, Hoffnung, straffer Führung, Politik als andauerndes Drama, das Gefühl der nationalen Gemeinschaft bei absoluter Machtlosigkeit.

3. Der Terror, die SA-Keller, in denen geprügelt und gemordet wurde; die öffentliche Bekanntmachung der KZ's im März 1933; der Anfang der Gleichschaltung durch Drohung und Verführung, die Einschüchterung.

Bereits in den ersten Wochen hat Hitler seine totalitäre Diktatur aufgebaut. Mussolini hat das nie und Stalin nur nach vielen Jahren erreicht. Aber die Selbstgleichschaltung hat mit ihm Schritt gehalten: nirgends so auffallend wie in den deutschen Universitäten, die sich ihrer Autonomie immer besonders rühmten. Diese Selbstaufgabe der geistigen Elite erinnert an Gedanken Sigmund Freuds, die aus der Zeit des Ersten Weltkrieges stammen, aus seinem ›Zeitgemäßes über Krieg und Tod«: »Menschenkenner und Philosophen haben uns längst belehrt, daß wir Unrecht daran tun, unsere Intelligenz als selbständige Macht zu schätzen und ihre Abhängigkeit vom Gefühlsleben zu übersehen. Unser Intellekt könne nur verläßlich arbeiten, wenn er den Einwirkungen starker Gefühlsregungen entrückt sei; im gegenteiligen Fall benehme er sich einfach wie ein Instrument zu Händen eines Willens und liefere das Resultat, das ihm von diesem aufgetragen ist. Logische Argumente seien also ohnmächtig gegen affektive Interessen, und darum sei das Streiten mit Gründen . . . in der Welt der Interessen so unfruchtbar.«[30] Es entbehrt nicht der Ironie, wenn man sich überlegt, daß deutsche Professoren diese Bewertung des Willens und der affektiven Interessen begrüßt hätten – wenn sie nicht gerade aus Freudscher Feder gekommen wäre. Ich glaube, daß unter denen, die sich so schnell dem Nationalsozialismus ergaben, die meisten gefühlsmäßig gehandelt haben, und nicht nur aus Kalkül und Opportunismus.

Die Versuchung war: Anpassung, Mitmachen, Parteieintritt, Begeisterung – und das trotz SA-Kellern, Verfolgungen, Verlust der Bürgerrechte, trotz Bücherverbrennung, trotz der sogenannten Säuberung der Universitäten aufgrund des Gesetzes zur Wiederherstellung des Berufsbeamtentums, wonach Juden und politisch Unzuverlässige aus dem Staatsdienst entlassen werden konnten. Und die jüdischen Akademiker und Beamten wurden auch entlassen, oder man machte ihnen zumindest ihr Verbleiben in den Universitäten unerträglich. Trotz dieser Angriffe gegen

Rechtstradition und Wissenschaftsehre haben sich die meisten Professoren – wie 1914 – zur Nation, zur neuen deutschen Erhebung sofort und leidenschaftlich bekannt. Zum Teil kam dieser Ausbruch sicher aus menschlicher Schwäche, aus Furcht vor Repressalien, aus Karrieregründen. Aber Opportunismus allein erklärt dieses Verhalten nicht – übrigens ist Opportunismus ein recht uninteressantes Thema.

Auch darf man nicht vergessen, daß in den ersten Wochen des neuen Regimes die Möglichkeit vorsichtiger Kritik weiter existierte – ohne die Zumutung eines Martyriums. Es war eine Zeit, in der die Nationalsozialisten selbst noch verunsichert waren, in der die neuen Machthaber zwar gegen Kommunisten, Sozialdemokraten und exponierte Juden mit massiver Gewalt vorgingen, sich aber den bürgerlichen Kreisen gegenüber zunächst vorsichtig und abtastend verhielten. Aus verschiedenen Schichten kamen auch Signale des Protestes: Arbeiter verbreiteten Flugblätter, Wirtschaftsspitzen munkelten, Konservative zogen sich zurück. Einige bürgerliche Zeitungen setzten ihre Kritik fort. Wilhelm Furtwängler richtete einen Protestbrief an Goebbels, in dem er die Ausschließung jüdischer Künstler kritisierte; es ist ihm nichts passiert. Bruno Walter wurde es verboten, im Gewandhaus zu dirigieren, und Richard Strauß, der »Komponist des Heldenlebens, erklärte sich tatsächlich bereit, anstatt des gewaltsam entfernten Kollegen zu dirigieren.«[31] Alfred Weber, Rektor der Universität Heidelberg, entfernte die Hakenkreuzfahne von der Universität – und wurde seines Amtes enthoben[32]. Sonst nichts. Man muß mit

Urteilen sehr vorsichtig sein, aber in einigen Fällen –
im Positiven wie im Negativen – sind Handlungen
völlig klar.

Bei der Mehrzahl der Menschen gab es sicher
schwankende Meinungen, innerlich ausgetragene
Streitigkeiten. Es gab konsequente Anhänger und unerbittliche Gegner; aber nur wenige waren immun gegenüber der Versuchung. Für die meisten war der
Nationalsozialismus eine Herausforderung, auf die
man wechselnd und zweideutig antwortete. Der Appell an den deutschen Nationalismus, der das Gefühl
erweckte: ›Jetzt sind wir wieder wer‹, der mußte – nach
dem verletzten Stolz und der unbefriedigenden Erfül-
lungspolitik – eine starke Resonanz haben. Außerdem
war man erleichtert, daß die politische Ungewißheit
vorbei war, man war beeindruckt von dem Aufstieg
Hitlers und überrascht von seinem selbstsicheren Auftreten. Man merkte, daß er der erste Politiker war, der
Vertrauen und Begeisterung erweckte, der immer
wieder versprach, daß unter seiner Führung die Nation
wieder willenskräftig werden würde. Man fühlte sich
›getragen‹ von einer neuen Welle der Hoffnung und
Erwartung. Bewußt oder unbewußt begrüßte man die
›Befreiung‹ von politischer Verantwortung; das frühe-
re Unbehagen an der Politik ermöglichte dieses Gefühl. Kurzum, die Begeisterung für Führer und nationale Erhebung war oft echt – wenn auch meist mit
Zweifeln gemischt.

Es gab auch Angst vor der Macht und Freude an ihr.
Man glaubte an die neue Volksgemeinschaft und wollte kein Außenseiter sein in einem Land, in dem durch

Fahnenhissen und Uniformtragen, durch Abzeichen im Knopfloch und den Hitler-Gruß eine öffentliche, scheinbar klassenlose Gemeinschaft errichtet wurde. Bei den Professoren kam noch die Angst hinzu, man könnte der Jugend nachhinken, dazu die üblichen Schuldgefühle der Professoren, der verdrängte Wunsch nach Macht und Anerkennung, das weit verbreitete Verlangen, zu dienen und zu gehorchen. Das alles war eine Mischung von Gefühlen, Gedanken und Erfahrungen.

Die Greueltaten des Regimes waren bekannt. Man konnte sie nur mit trügerischen Einwänden verniedlichen: Wo gehobelt wird, fallen Späne. Man muß mitmachen, um Schlimmeres zu verhüten. Die neuen, die brauchen uns, dem kann man sich nicht entziehen. Kunst ist Kunst, nicht Politik. Man bleibt am Platz oder strebt einen an, um von innen zu bremsen.

Als Gerhart Hauptmann 1934 von einem Freunde auf das Los der Juden im Dritten Reich angesprochen wurde, erwiderte er: »Die paar Ostjuden – mein Gott, nicht so wichtig«. Der Freund aber fügte für sich hinzu: »Daß Dutzende seiner einstigen jüdischen Freunde in KZ-Lagern gefangen sind oder als Emigranten im Ausland leben, hat er vergessen, will er es vergessen.«[33]* Als Schacht 1935 Wirtschaftsminister wurde,

---

* Am 9. Mai 1933 beklagte Thomas Mann, daß Hauptmann, »der Mann der Republik, der Freund Eberts und Rathenaus, den Juden erhoben und großgemacht haben«, das Hakenkreuz habe hissen lassen. »Ich hasse diese Attrappe, die ich verherrlichen half, und die großartig ein Märtyrertum von sich weist, zu dem auch ich mich nicht geboren weiß, zu dem aber meine geistige Würde mich unwei-

schrieb Erich Ebermayer in sein Tagebuch: »Auch
Schacht ist im Grunde seines Herzens wohl kein Nationalsozialist . . . Warum [dieser große, ja geniale
Mann] seine Kräfte an so exponierter Stelle den Nazis
leiht, ist unerklärlich, oder vielleicht ebenso leicht er-
klärbar wie im Fall Gründgens: Aus Ehrgeiz, aus Lust
an der Macht, an der Unabhängigkeit, an der Leistung?
Oder um im Geheimen Widerstand zu leisten?«[34]

In der deutschen Oberschicht war der Antisemitismus immer schon weit verbreitet. Da kann Gerhart
Hauptmanns Bemerkung nicht verwundern, da kann
man verstehen, wieso es vielen so leicht gefallen ist, das
Schicksal der Juden auszuklammern, zu bagatellisieren
– oder zuzugeben, daß die Juden es eigentlich nicht
anders verdient hätten, zumal sie schon immer anders
gewesen seien. Der Antisemitismus der Oberschicht,
der zum guten Ton gehörte, zu dem, was ich als Vulgäridealismus bezeichnet habe, erlaubte meistens eine
rapide Assimilierung an den radikalen Rassen-Antise-
mitismus der Nationalsozialisten[35].

Die Universitäten haben schnell kapituliert – einige
Dekane oder Rektoren wurden abgesetzt, schon pour
encourager les autres. Martin Heideggers Lobgesang
auf die nationale Erhebung in seiner Rektoratsrede im
Frühling 1933 ist bekannt – und erstaunlich im Hin-
blick auf seine enge Beziehung zu Husserl und auf seine
intime Freundschaft mit Hannah Arendt. Es gibt
hunderte, vielleicht tausende von Varianten einer Rede

---

gerlich beruft.« – Tagebücher 1933–1934, hrsg. von Peter de Mendelssohn, Frankfurt a. M., 1977, S. 79.

Fritz Stern

von Ernst Bertram, dem Kölner Germanisten aus
dem Kreise Stefan Georges, der am 3. Mai 1933 unter
dem Titel ›Deutscher Aufbruch‹ in einer Rede erklärte,
daß mit der Machtergreifung »gewaltige Kräfte in unserm Volk aufgestanden [sind]. Sie haben das Gesicht
von Volk und Land wunderbar verändert. Die viel
ersehnte Befreiungsschlacht von innerer Fremdherr-
schaft . . . ist geschlagen . . . Und abermals, wie so
oft, steht die Welt, in Haß oder Scheu, vor einem
germanischen Wunder.«[36] Wie oft wurde der Allmächtige gepriesen ob dieses germanischen Wunders,
das Adolf Hitler hieß. Es war charakteristisch für Bertram und für jene Zeit, daß er nach seinem öffentlichen
Bekenntnis immer wieder versuchte, sich privatim mit
seinem alten und intimen Freund Thomas Mann zu
verständigen – obwohl Mann bereits im Exil lebte.
Schließlich schrieb Mann im November 1933: »Lieber
Bertram, leben Sie wohl in Ihrem völkischen Glashau-
se, geschützt vor der Wahrheit durch eine Brutalität,
die so wenig die Ihre ist!«[37]
   Die Literatur bestätigt, daß das pseudo-religiöse
Element im Nationalsozialismus eine große Anziehungskraft hatte – wobei hinzuzufügen ist, daß seit der
Reichsgründung das Nationale und Völkische oft mit
einem religiösen Nimbus umgeben worden ist, so daß
diese schreckliche Vermischung der Person Hitlers mit
dem Mysteriösen und Religiösen eine lange Vorgeschichte hat. Schon im April 1933 schrieb Thomas
Mann von »diesem vergötzten Popanz . . ., Hitler, der
Millionen eine Religion bedeutet«[38]. Überhaupt muß
der Säkularisierungsprozeß, besonders im protestanti-

schen Deutschland, in jeder Erklärung des Nationalsozialismus berücksichtigt werden.

Carl Friedrich von Weizsäcker schrieb mir vor zwei
Jahren: »Es ist auch wahr, daß ich mich für die Ideologie der Nazis weder vor noch nach ihrer Machtergreifung habe interessieren können. Dabei war ich sehr in
Versuchung, mich in irgendeiner Form nach 1933 jener Bewegung anzuschließen. Aber das hatte nicht das
Geringste mit den Meinungen dieser Leute zu tun,
sondern nur mit einer elementaren Reaktion auf das,
was Wilhelm Kütemeyer die Pseudoausgießung des
Heiligen Geistes im Jahre 1933 genannt hat. Versuche
ich nachträglich zu analysieren, was mich damals be-
rührt hat und was nicht, so komme ich zu dem Schluß,
daß . . . die Meinungen der Nazis eine Torheit, das
Auftauchen der Nazis aber ein Symptom eines Vor-
gangs war, den sie selbst nicht verstanden. Diesem
Vorgang versuche ich nachzuspüren.«[39] Abschließend
möchte ich noch einmal betonen, daß für die Eliten die
Ideen des Nationalsozialismus wahrscheinlich weniger
wichtig waren als das Auftreten der neuen Machthaber, als ihre Verkörperung von neuer nationaler Kraft,
von Wille und Energie. Gerade das Irrationale packte
die Intellektuellen, und das »schauerlich überreizte
Volkswesen im Zustande des nationalen Orgas-
mus«[40].

Professoren und Geistliche haben sich in Loyalitäts-
erklärungen überboten. Gerade dieses Gefolge so
leicht zu erobern, war für das NS-Regime wichtig,
obwohl bei der Abneigung des echten Nationalsozialismus gegenüber Akademikern und Geistlichen diese

Schnell-Anpassung ein widersprüchliches Echo ge-
habt haben wird. Die begeisterte Zustimmung von
dieser Seite hat zu dem Erfolg der Nationalsozialisten
viel beigetragen. Ich zitiere nochmals das anregende
Tagebuch von Erich Ebermayer, in das er am 30. Januar 1934 folgendes eintrug: »Es ist den Nationalsozialisten in diesem ersten Jahr ihrer Macht gelungen – dies
zu leugnen wäre Verblendung –, die gewaltige Mehrheit des deutschen Volkes, nicht nur der Arbeiter,
Bauern und Kleinbürger, auch des Großbürgertums,
der Künstler, der Gelehrten, auf ihre Seite zu ziehen.
Wir Wenigen werden immer weniger. Wir sind fast
allein. Erfolg erzeugt Erfolg – das englische Wort ist
wahrhaftig auf Hitler anzuwenden . . . Aber ebenso
erzeugt Mißerfolg Mißerfolg. Und der ist auf meiner,
auf unserer Seite! Es gehört schon einiger Mut, etwas
Charakter und ein unbedingter Glaube an die Zukunft
und an die göttliche Gerechtigkeit dazu, festzubleiben.
Wie leicht wäre es und wie vorteilhaft, sich zu bekeh-
ren, sich geschlagen zu geben? Wie viele, die bisher
noch widerstanden, tun es.«[41]

Ebermayer hatte recht. Im Ausland gab es auch viele
Stimmen der Bewunderung. Es war eine Illusion der
Linken zu glauben, daß das NS-Regime sich haupt-
sächlich auf Terror stütze. Wahrscheinlich haben die
Nationalsozialisten selbst den Widerstand überschätzt;
alle ihre Schnüffelei und Angst waren vielleicht über-
trieben – obwohl gerade am Anfang unter Arbeitern
und ehemaligen Anhängern der KPD, SAP und SPD
Widerstandsgruppen existierten. Die Mehrheit des
Volkes aber war auf seiten des Neuen Reiches, immer

wieder gestärkt durch die stets dramatisierten Erfolge des Regimes. Allein das Auftreten der Partei – selbstsicher, arrogant, entschieden, trotz innerlichem Zweifel und Zwist – machte Eindruck. Ferner der neue Ton in der Außenpolitik, bei der unablässigen Beteuerung von Friedfertigkeit: der Austritt aus dem Völkerbund, das erste Rütteln an dem gehaßten Versailler System. Dann die innenpolitischen Erfolge: die Beseitigung der Arbeitslosigkeit, der schon längst von Brüning geplante, von Hitler eingesetzte Arbeitsdienst mit seinen egalitären Allüren, die Erwartung der Wiederaufrüstung. Und schließlich die nationalen Triumphe: die Saar-Abstimmung, die Einführung der allgemeinen Wehrpflicht und die Wiederbesetzung des Rheinlands.

Erfolg ist berauschend gefährlich. Sich gegen Erfolg, Massenpsychose und Terror zu halten, ist schwer; und die meisten, die sich gehalten haben, taten es aus einem andern starken Glauben, vorwiegend aus religiöser Besinnung. Es gab aber auch Menschen, die sich aus Anstand, politischer Überzeugung und sittlichem Gebot dem Nationalsozialismus gegenüber ablehnend verhielten – und doch kamen auch sie oft in Zweifel und Versuchung. Als Beispiel möchte ich Friedrich Meinecke erwähnen, den Vernunftrepublikaner und vielleicht angesehensten Historiker der damaligen Zeit, bis 1936 Herausgeber der Historischen Zeitschrift. Er galt auch alle Zeiten als besonders liberal und tolerant, und jüdische Studenten hatten ein außergewöhnliches Vertrauen zu ihm. Meinecke hat die großen politischen Umwälzungen Deutschlands miterlebt: Kaiserreich, Republik, Drittes Reich, verlore-

nes Reich. Er hat sich – so weit wie möglich – jedem
Regime angepaßt, nie kritiklos und nie eigentlich aus
persönlich-opportunistischen Gründen, sondern aus
der Überzeugung, daß der Historiker die Pflicht hat,
der Gegenwart nicht nur das Verständnis der Vergangenheit zu übermitteln, sondern aus diesem Verständnis auch bestehende Wirklichkeit zu deuten. Eine rein
negative Ablehnung oder ein völliger Rückzug aus
dem öffentlichen Leben wären ihm als Flucht oder als
Verneinung der Verantwortung erschienen. Außerdem hatte er ein brennendes Interesse am öffentlichen
Leben. Von seiner Gesinnung her war er liberal und
elitär, aber seine Meinungen entsprangen nicht ab-
strakten Prinzipien, sondern waren Urteile über die
immer wieder veränderten Ereignisse. Im privaten Leben während des Dritten Reiches war er als anständig
bekannt und stand er zu seinen Freunden und Kollegen
in der Bedrängung; im öffentlichen Leben war er vorsichtig, immer um Verständnis ringend*. Er bezeich-
nete sich selbst als einen »christlichen Heiden«, und im
November 1933 schrieb er an seinen Freund Siegfried
Kähler: »Bei der Arbeit vergißt man zuweilen . . . alles
Übrige und verfährt so, als ob man zeitlos lebte. Sie

---

* Und doch hat auch Meinecke seine Kompromisse geschlossen:
»Schon im Mai 1933 glaubte Meinecke einen offenen Konflikt der
Historischen Zeitschrift mit dem Regime vermeiden zu können, indem
er Hedwig Hintze aus ihrer langjährigen regelmäßigen Mitarbeit an
dem Besprechungsteil der Zeitschrift entließ.« Hedwig Hintze,
die Frau von Meineckes Freund und Kollegen Otto Hintze, war jüdischer Herkunft und linksstehend. – Otto Hintze und die moderne
Geschichtswissenschaft, hrsg. von Otto Büsch und Michael Erbe,
Berlin 1983, S. 6.

haben recht, wir Geschlagenen sind jetzt, soweit bürgerlich, alle auf demselben schwankenden Floß im stürmischen Meer vereinigt und sollten lernen uns zu vertragen.« Im August 1934 klagte er: »Ich oszilliere ständig zwischen heimlicher Hoffnung und heller Verzweiflung.« Im August 1940, nach dem Sieg über Frankreich, schrieb er: »Das Gewaltige, was wir erlebt haben, stellt sich ja mit jedem Tage als noch gewaltiger heraus. Gewiß, man muß in vielem umlernen, aber nicht in allem. Unzweifelhaft richtig wird jetzt verkündet, daß in dem deutschen Siegeszuge sich auch die revolutionäre Dynamik des Dritten Reiches auswirke.« Er fuhr fort mit einem Lobgesang auf die deutsche Armee, »und Straßburgs Wiedergewinnung! Wie sollte einem da das Herz nicht schlagen!«[42] In den ersten Jahren der Hitlerzeit hat Meinecke sich immer wieder mit der Frage geplagt: ist es Episode oder Epoche, ist es etwas Vorübergehendes oder ein tiefer Einbruch? Er geriet in eine Rätselei über die Zukunft, die typisch für viele und vielleicht tragisch für einen liberal gesinnten Historiker war. Hier schneiden sich Persönliches und Berufliches, und hier ist auch der Grund für eine gewisse Kompromißbereitschaft seinerseits. Der nationale Triumph hat viele zum Umlernen verlockt, und doch verharrte Meinecke bei seinen bürgerlichen Vorbehalten. Als 85jähriger, gleich nach dem Kriege, schrieb er ›Die Deutsche Katastrophe‹ – ohne sein eigenes Erlebnis der Verunsicherung zu erwähnen.

Es war schwer, sich dem Nationalsozialismus zu entziehen: mit Zuckerbrot und Peitsche hat das Regime es verstanden, die Eliten zu ködern und zu Kom-

promissen zu zwingen. Der totale Staat versuchte, die
Grenzen zwischen privater und öffentlicher Sphäre zu
verwischen; für die meisten Menschen, besonders natürlich für die der Oberschicht, kam der Moment, als
das Regime ein öffentliches Bekenntnis verlangte, sei
es auch nur durch Mitgliedschaft bei einer Organisa-
tion, die sich dem Nationalsozialismus verschrieben
hatte. Hier gab es immer wieder Gewissenskonflikte,
die oft widersprüchlich gelöst wurden. Hier wird man
auch an die Bemerkung Claus von Stauffenbergs erinnert, der in Hinsicht auf das aufgeblähte Heer und
vielleicht auch im Blick auf das Versagen des Militärs
am 30. Juni 1934 von Leuten sprach, die »sich schon
ein- oder zweimal die Wirbelsäule gebrochen hätten«
und von denen man nicht erwarten könne, »daß sie bei
einer neuen Entscheidung gerade stehen würden«[43].

Für einige gab es trotzdem den Ausweg der ›inneren
Emigration‹, das Zurückziehen in eine immer gefähr-
dete Privatsphäre. Es war ein Ausweichen vor Gefahr
und Versuchung, man war weder ein Gegner des Regimes – oder man war es nur im Geheimen – noch ein
Anhänger. Es war ein Versuch, im Widerspruch zu
leben. Das innere Drama bestand darin, daß das Regime ein ›ja‹ forderte, das Gewissen, vielleicht auch Familie und Freunde, ein ›nein‹, und aus diesem Streit
kam schließlich ein ewiges ›jein‹, das wohl auch eine
Art oft unbewußter Rückversicherung für die Zukunft
darstellte. In einem Land, wo traditionsmäßig die private Sphäre hoch angesehen wurde, war dieser Rückzug leichter zu verstehen. In dieser inneren Emigration, in diesem Versuch aus der NS-Volksgemein-

schaft ›auszuwandern‹, hat man gelegentlich verkapp-
ten Widerstand durch aesopische Schriften versucht.
Der Historiker Hermann Oncken zum Beispiel hielt
einen Vortrag über Cromwell – und seine Kritik an der
Diktatur Cromwells sollte seine Hörer und Leser an
das Dritte Reich erinnern. Es war ein Versuch, trotz
Regierungszensur Gleichdenkende zu bestärken, ein
Versuch, das heimliche Deutschland aufrechtzuhalten.
Bei jener Gruppe bemerkt man, wie viele damals im
Dunkeln umhertappten: für sie war die Welt nicht
schwarz und weiß, sondern unklar, wechselnd, eben
grau. Auch hier muß man eine gewisse Einfühlung
aufbringen: es war schon viel, sich einem ›ja‹ zu verschließen.

V

Eine paradigmatische Bedeutung hat die innere Auseinandersetzung Thomas Manns. Keiner hat die Versuchung des Nationalsozialismus besser verstanden als
der Autor von ›Mario und der Zauberer‹, keiner kannte die Verlockung des deutschen Sonderweges so gut
wie er. ›Die Betrachtungen eines Unpolitischen‹, wie
überhaupt seine Werke während des Ersten Weltkrieges, strotzen nur so von jenem anti-westlichen Pathos.
Und daher hat er die Gefahr dieses Affektes in der
Nachkriegszeit sofort erkannt, die Verlockung und die
Gefahr; und bereits im Jahre 1922 – zum 60. Geburtstag von Gerhart Hauptmann – bekannte er sich in einer
Ansprache ›Von deutscher Republik‹ uneingeschränkt
zur neuen deutschen Wirklichkeit und ermahnte er unter

anderem die störrische Jugend, die ihm zuhörte: »Ich
bitte nochmals: erwehrt euch der Kopfscheu! Es ist in
aller Welt kein Grund, die Republik als eine Angele-
genheit scharfer Judenjungen zu empfinden.« Die Republik ist eine dem Deutschtum angemessene Staatsform. »Ist nicht Republik nur ein Name für das volks-
tümliche Glück der Einheit von Staat und Kultur?«[44]
In den späteren 20er Jahren hat Mann sich mit völkischen Schriftstellern immer wieder auseinandergesetzt.
In der viel schwierigeren Lage von 1930 hielt er eine
›Deutsche Ansprache: ein Appell an die Vernunft‹ –
allein schon diese Formulierung paßte nicht in jene
Zeit, und auch nicht die Botschaft: »daß der politische
Platz des deutschen Bürgertums heute an der Seite der
Sozialdemokratie ist . . .«[45] Der so bürgerliche Autor,
der sich so genau in der Unterwelt romantischer und
auch krankhafter Affekte verstand, erkannte die Gefahr der bürgerlichen Ressentiments und hat sein
großes Prestige eingesetzt, um, bei allem Verständnis
für das Irrationale, dem Bürgertum zur praktischen
Vernunft zu verhelfen.

Es kam anders, und Thomas Mann verließ München
am 11. Februar 1933, um sich auf eine Vortragsreise
zu begeben, von der er nicht nach Deutschland zurück-
kehrte. Von der Schweiz aus beobachtete er das grau-
same Spiel in Deutschland. Er haßte die angestrebte
»Massenverdummung, zum Zweck mechanistisch
einförmiger Beherrschung mit Hilfe der modernen
Suggestionstechnik. Schlimmster Bolschewismus . . .
vom russischen aber unterschieden durch den Mangel
jeder Idee«. (Stefan George machte denselben Vergleich

mit dem Bolschewismus.) »Wie seltsam«, schrieb
Mann im April 1933, »daß man in Deutschland gegen
die wahrhaft schweinischen Mittel, mit denen diese
›Volksbewegung‹ gesiegt hat, offenbar nicht die Em-
pörung, den Ekel aufbringt, den ich empfinde!« Außerdem fürchtete er dieses »innere Versailles«, das
»gräßlicher ist als das äußere«. Im September 1933
glaubte er, daß »Ressentiment und Größenwahn [sich]
vereinigen zu einer Weltgefahr, im Vergleich mit wel-
cher der Vorkriegs-Imperialismus die Unschuld selbst
war«[46]. Seine Verurteilung war absolut – und doch
kamen ihm Zweifel, an erster Stelle Zweifel persönlicher Art: Die Tagebücher 1933–1934 sind ein einziges
Zwiegespräch mit sich selbst, ob er das schöne Haus in
München und das Privatvermögen aufgeben müsse,
ob man es nicht doch retten könne, ob man nicht doch
vielleicht zurück nach Deutschland gehen solle – trotz
der persönlichen Angriffe auf ihn und seine Familie,
trotz seiner jüdischen Frau. Wie sehr hat er an seinem
Haus gehangen, mit welchem Stolz zitiert er die Bemerkung von Gottfried Benn, daß das Haus »wirklich
etwas Goethisches« an sich habe[47]. Wie sehr kann man
nur hoffen und glauben, daß er, wenn er immer wieder
vom Vermögen spricht, eigentlich viel mehr meint:
den ganzen Lebens- und Arbeitsstil, den er sich erbaut,
zum Teil sich selbst abgerungen hat. »Selbstverständlich ist auch für mich und meine geistige Natur immer
noch ein bereitwilliges Deutschland vorhanden.«[48]
Das enge Verhältnis zu seinen Lesern, dieses besondere
Band – muß er dies durch selbstgewähltes Exil zer-
stören?

Aber es gab auch andere Gedanken bei ihm. Ein paar Tage nach dem Gesetz zur Wiederherstellung des Berufsbeamtentums schrieb Mann in sein Tagebuch: »Die Juden . . ., daß die übermütige und vergiftende Nietzsche-Vermauschelung Kerrs ausgeschlossen ist, ist am Ende kein Unglück; auch die Entjudung der Justiz am Ende nicht . . . Geheime, bewegte, angestrengte Gedanken. Widrig-Feindseliges, Niedriges, Undeutsches im höheren Sinn bleibt auf jeden Fall bestehen. Aber ich fange an zu argwöhnen, daß der Prozeß immerhin von dem Range derer sein könnte, die ihre zwei Seiten haben.«[49] Oder ein paar Tage später: »Die Revolte gegen das Jüdische hätte gewissermaßen mein Verständnis, wenn nicht der Wegfall der Kontrolle des Deutschen durch den jüdischen Geist für jenes so bedenklich und das Deutschtum nicht so dumm wäre, meinen Typus mit in den selben Topf zu werfen und mich mit auszutreiben.«[50] Das ist ein Rückfall zu dem Thomas Mann von ›Wälsungenblut‹, jener antisemitischen Erzählung aus dem Jahre 1906, in der das Wort Jude nicht vorkommt und die er auf Verlangen seines Schwiegervaters zurückgezogen hat. Also auch Thomas Mann glaubte gelegentlich, daß der Prozeß seine zwei Seiten habe – zumindest in Momenten der Versuchung und der Furcht vor dem Verzicht auf sein Eigentum, auf Vermögen, Wohnung und Möbel, bürgerliche Sachwerte. Und doch, wie schwer der Entschluß, im Exil zu verharren! All das spiegelt in etwas befremdender Selbstbeschäftigung und trotz der betonten ›Sonderstellung‹, die er allein einnahm, ein viel allgemeineres Erlebnis wider: das Schicksal derer,

die ins Exil gehen mußten, oder jener, die in Deutschland aushielten – und die auch nicht die Möglichkeiten
hatten, ein neues Leben im Exil aufzubauen, wie es der
Nobel-gekrönte, überall übersetzte Thomas Mann
konnte.

Thomas Mann hatte wohl schon immer an seine
›Einmaligkeit‹ geglaubt; besonders nach 1933 fühlte er
sich als der allein Berufene, den deutschen Geist im In-
und Ausland zu repräsentieren[51]. Aus praktischen wie
auch aus menschlich-allzumenschlichen Gründen
wehrte er sich in der ersten Zeit gegen die weitverbrei-
tete Annahme, daß er mit der Emigration identifiziert
werden könnte. Er wollte zwischen den Lagern stehen:
weder bei der politisch engagierten Emigration noch
bei den Berliner Machthabern. Für viele Monate wollte er es aber mit den Letzteren auch nicht verderben,
und sein »Lavieren zwischen Entschiedenheit und
Rücksicht« verärgerte Freunde und Familie und verun-
sicherte ihn selbst[52]. Im Januar 1934, in einem unver-
blümten Brief an Ernst Bertram, schrieb Mann:
»Meine Haltung, mein Urteil sind nicht von Emigran-
tengeist bestimmt oder beeinflußt. Ich stehe für mich
und habe mit dem in der Welt verstreuten Emigranten-
tum überhaupt keine Fühlung.«[53] Dies war die offizielle Haltung – auch trotz der Tatsache, daß Klaus und
Erika Mann zu den Prominentesten der Emigranten-
welt gehörten. Dann schon lieber »die innere Emigration, zu der ich im Grunde gehöre.«[*] [54]

---

[*] War sich der große Ironiker der Ironie bewußt, daß gerade er
das Symbol der deutschen Emigration wurde – er, der am Anfang

Sein ›Lavieren‹ hörte eigentlich erst mit dem 30. Juni 1934 auf, nach den staatlichen Morden. Erst dann fühlte er sich entschlossen und erleichtert. Vorher »stand [man] all die Zeit unter dem Druck des begeisterten Glaubens der Thoren. Man konnte innerlich zuweilen wanken. Nun, immerhin, . . . beginnt sich der Hitlerismus als das zu erweisen, als was man ihn von jeher sah, erkannte, durchdringend empfand: als *das Letzte* an Niedrigkeit, entarteter Dummheit und blutiger Schmach . . ., und man schämt sich der wenigen schwachen Augenblicke, wo man an seinem Gefühle zweifeln wollte.«[55]

Mann hat sich wohl schon in Weimar als ein praeceptor Germaniae gefühlt. Er wußte, daß seine politischen Äußerungen die eines outsiders, eines Unabhängigen waren – um so gewichtiger erschienen sie ihm. Daß sie auch gelegentlich eigenartig und widersprüchlich waren, wird er kaum bemerkt haben. Da seine Mitbürger so unpolitisch dachten, benötigten sie seine

---

sich immer wieder gegen die Vermutung wehrte, daß er der Emigration angehöre? Hat er sich seiner eigenen Zweifel erinnert, als sein Verleger, Gottfried Bermann Fischer, Manns 70. Geburtstag feierte mit der ersten Ausgabe einer neuen ›Neuen Rundschau‹ und einer Widmung, in der er das Ende der alten ›NR‹ beklagte und auch das Schicksal der damaligen Mitarbeiter, die entweder dem Nationalsozialismus verfallen oder in eine »fremde Umwelt« geflüchtet waren, in der sie als »fragwürdig« betrachtet wurden? »Die Fremde ist hart. Da aber erhob sich eine Stimme, Thomas Manns Stimme. Was als eine Masse von entwurzelten Existenzen erschienen war, hatte plötzlich einen Namen und einen Ausdruck. Emigration, bis dahin ein etwas anrüchiger Begriff, hatte eine sichtbare, bewunderte, verehrungswürdige Repräsentation.« – GOTTFRIED BERMANN FISCHER, Bedroht – Bewahrt. Weg eines Verlegers, Frankfurt 1967, S. 248.

Urteile um so mehr: »Aber der Deutsche will nicht wirtschaftlich denken. Politisch denkt er allerdings auch nicht, sondern tragisch, mythisch, heroisch . . . Die Zerstückelung und gewaltsame Entpolitisierung würde eine große seelische Entlastung für dies Volk bedeuten.«[56]

Es gab auch viele Beispiele konsequenter Ablehnung. Ich möchte drei zitieren. Ewald von Kleist-Schmenzien, der auch später am Widerstand teilnahm und sein Leben verlor, schlug 1933 Ernst Niekisch den Entwurf eines Flugblattes vor, mit dem Text: »In Zukunft wird es heißen: Charakterlos wie ein deutscher Beamter, gottlos wie ein protestantischer Pfaffe, ehrlos wie ein preußischer Offizier.«[57] Das war eine klare Abrechnung mit seiner eigenen Oberschicht. Der konservative Großindustrielle Emil Kirdorf hat die Absetzung eines jüdischen Kollegen, Paul Silverberg, vom Vorsitz der Kölner Handelskammer in einem offenen Brief an die Rheinisch-Westfälische Zeitung gegeißelt: »Als ein Verbrechen erachte ich das unmenschliche Unmaß der fortgesetzten antisemitischen Hetze. Eine große Anzahl um Deutschland verdienter Menschen . . . hat man in grausamer Weise deklassiert . . . Der Dolchstoß, den man diesen wertvollen Menschen versetzt hat, hat auch mich getroffen. Jetzt ist meine Hoffnung dahin, mein Vertrauen, ein neues, unbeflecktes stolzes Deutschland noch zu erleben.«[58] Im Januar 1935 beschloß Max Planck – zusammen mit Max von Laue, Otto Hahn und dem Physiker Friedrich Bonhoeffer –, eine Gedenkfeier für den nicht-arischen Chemiker Fritz Haber aus Anlaß des ersten Jahrestages

seines Todes im Exil zu gestalten. Das Erziehungsmi-
nisterium reagierte wütend und verbot sämtlichen
Professoren, an der Veranstaltung teilzunehmen. Sie
fand trotzdem statt im voll-besetzten Harnack-Haus in
Berlin. Max Planck beendete seine Rede mit den Worten: »Haber hat uns die Treue gehalten, wir werden
ihm die Treue halten.«[59] Könnte das nicht als Mah-
nung gelten, für all die Reden, die nicht gehalten worden sind?

Wie schon erwähnt, war der deutsche Protestantismus in seiner Haltung zum Nationalsozialismus ge-
spalten. Die Bekennende Kirche hat die Kirchen- und
Rassenpolitik des Nationalsozialismus bekämpft, min-
destens soweit die letztere sich auf die Kirche bezog.
Pfarrer der Bekennenden Kirche sind verhaftet und
verschleppt worden, aber viele selbst von den Opfern
der Nationalsozialisten waren beeindruckt von der nationalen Erhebung und von dem strafferen Leben, das
diese anstrebten. Täuschung und Enttäuschung waren
auch das Schicksal vieler dieser mutigen Pfarrer.

Abschließend möchte ich noch ein Urteil Konrad
Adenauers zitieren, dessen eigene Haltung unbestech-
lich war, dem aber nationale Selbstanklage nicht besonders lag. In einem Privatbrief von 1946 schrieb er:
»Nach meiner Meinung trägt das deutsche Volk und
tragen auch die Bischöfe und der Klerus eine große
Schuld an den Vorgängen in den Konzentrationsla-
gern . . . Das deutsche Volk, auch Bischöfe und Klerus zum großen Teil, sind auf die NS-Agitation einge-
gangen. Es hat sich fast widerstandslos, ja zum Teil mit
Begeisterung . . . gleichschalten lassen . . . Ich glau-

be, daß, wenn die Bischöfe alle miteinander an einem
bestimmten Tage öffentlich von den Kanzeln dagegen
Stellung genommen hätten, sie vieles hätten verhüten
können . . . Wenn die Bischöfe dadurch ins Gefängnis
oder in Konzentrationslager gekommen wären, so wäre das kein Schaden, im Gegenteil. Alles das ist nicht
geschehen und darum schweigt man am besten.«[60]

VI

Als 1938 der Krieg drohte und 1942 die Niederlage,
und in der Zwischenzeit die Greuel des Regimes noch
klarer wurden, da bildeten sich Gruppen von Menschen, um diesem Schrecken ein Ende zu bereiten, da
begann der deutsche Widerstand im Ernst. Dieser Widerstand hatte seinen Schwerpunkt in Kreisen der alten
Armee, wo man noch am ehesten unter sich war, auch
unter einigen Beamten und unter alten Sozialdemokraten und unter jüngeren Männern wie Dietrich Bonhoeffer und Claus von Stauffenberg. Einige von ihnen
hatten sich erst dem Nationalsozialismus verschrieben,
wie z. B. Schulenburg, mit jugendlicher Begeisterung;
andere waren zumindest von ihm angezogen. Dann
aber kamen die Ernüchterung, die Einsicht, ein stren-
gerer Patriotismus und ein alles andere überragendes
Gefühl der Verantwortung, das Verlangen, im Sinne
Dietrich Bonhoeffers, stellvertretend für die Nation zu
handeln. In ihren Zukunftsplänen waren die Menschen
des 20. Juli von der Vergangenheit beherrscht: nur
keine Wiedergeburt von Weimar, sondern eine

konservative, preußisch-sozialistische Zukunft. Der Rechtsstaat und die Gerechtigkeit müssen wiederhergestellt werden, aber die Pläne für ein Deutschland nach Hitler waren nicht-demokratisch, eher getragen von der Furcht, daß eine ›Massendemokratie‹ zu einer neuen Katastrophe führen könnte, besonders bei einem so unerfahrenen und unerzogenen Volke wie dem deutschen. Viele der damaligen Verschwörer gegen Hitler glaubten an den deutschen Sonderweg, der weder parlamentarisch-demokratisch, also westlich, sein sollte, noch totalitär, also östlich. Sie waren eine ganz einzigartige Elite, nicht nur eine Elite nach Herkunft und Amt, sondern auch eine Elite des Geistes und des Gewissens. Sie dachten auch elitär. Aber das moralisch-religiöse Element war das Entscheidende: hier stand tatsächlich das Gewissen auf, um die Nation und deren Ehre zu retten. Die Bereitschaft, das Leben einzusetzen, um das eigene Land und auch Europa von der Schreckensherrschaft zu befreien – das war ein menschlich-welthistorisches Ereignis, das in der deutschen Geschichte nicht seinesgleichen hat.

Der Nationalsozialismus war nicht die Rettung, sondern das Verderben Deutschlands. Noch ist vieles an diesem Vorgang zu erklären, und durch ihre Neigung zur Spezialarbeit könnte die Geschichtswissenschaft gerade den tiefsten Fragen ausweichen. Mich bewegt das menschliche Verhalten in Zeiten größter Herausforderung – die Antwort auf Machtanspruch und Terror. Das sind Fragen unseres Jahrhunderts schlechthin. Die Zeit des Nationalsozialismus gibt dafür Beispiele aller Art. Noch eine Schlußbemerkung:

Am 20. Juli 1954 habe ich mich in die Bendlerstraße eingeschlichen und in der damaligen Gedenkstunde die Gesichter der Hinterbliebenen beobachtet. In Erinnerung an das, was die Märtyrer darstellten, hat sich meine eigene Auffassung über Deutschland und über unsere Vergangenheit geändert. Ich bin nicht Adenauers Meinung, daß man schweigen sollte: im Gegenteil, ich frage mich, ob man sich des 20. Juli in der Bundesrepublik genügend erinnert – oder ob es vielleicht so etwas wie eine unbewußte verlängerte Gleichschaltung gegeben hat, so daß man über die Märtyrer und auch über die Mitläufer und Mitarbeiter des Nationalsozialismus schweigen konnte. Bci aller Distanz zu dem nicht-demokratischen, uns nicht mehr zeitgemäßen Denken des Widerstandes, bei allem Bedauern, daß so viele von ihnen so viele Morde und Greuel unbeanstandet miterlebt haben – trotz allen möglichen Einwänden kann man und soll man sich nicht der Bewunderung vor diesen Menschen, vor Bonheoffer und Dohnanyi, vor Leuschner und Stauffenberg, vor Beck und Tresckow verschließen. Das war ein einzigartiger Aufstand, ein würdiger Abtritt aus der Geschichte.

Ich habe das Thema der Auseinandersetzung mit dem Nationalsozialismus in Deutschland nur skizziert; und dieses ist nur ein Anfang oder eine Fortsetzung von früherem Grübeln. Der Nationalsozialismus als Versuchung und das Verhalten ihm gegenüber, das bleibt ein Thema, dem ich mich verpflichtet fühle – den Damaligen gegenüber und auch unserer eigenen Gegenwart. Es ist eine notwendige Aufgabe, gerade in

einem unmenschlichen Zeitalter dem Menschlichen
nachzuspüren.

Ich danke Ihnen für die gebotene Gelegenheit, zu
diesem Thema zurückzukehren, und ich danke Ihnen
schon jetzt für die Ehre Ihrer Ermutigung.

Anmerkungen

[1] THEODOR HEUSS, Hitlers Weg. Eine Schrift aus dem Jahre 1932
neu herausgegeben und mit einer Einleitung versehen von Eberhard
Jäckel, Tübingen 1968, S. 11.

[2] JOACHIM C. FEST, Hitler. Eine Biographie, Frankfurt a. M. 1973,
S. 579.

[3] THEODOR HEUSS, Erinnerungen 1905–1933, Tübingen 1963,
S. 413, 436.

[4] JOACHIM C. FEST, Hitler, op. cit., S. 475.

[5] FRIEDRICH NIETZSCHE, Also sprach Zarathustra, Werke in drei
Bänden, II., hrsg. von Karl Schlechta, München 1955, S. 298.

[6] HANS MOMMSEN, »Die deutschen Eliten und der Mythos des
nationalen Aufbruchs von 1933«, in: Merkur, 38. Jahrgang, Heft 1,
Jan. 1984, S. 97–102.

[7] Deutsches Geistesleben und Nationalsozialismus, Eine Vor-
tragsreihe der Universität Tübingen, hrsg. von Andreas Flitner,
Tübingen 1965, S. 117.

[7a] JOACHIM C. FEST, Hitler, op. cit., S. 514.

[8] FRITZ FISCHER, »Der deutsche Protestantismus und die Politik
im 19. Jahrhundert«, in: Historische Zeitschrift, CLXXI, 3 (Mai
1951), passim.

[9] FRITZ STERN, Kulturpessimismus als politische Gefahr. Eine
Analyse Nationaler Ideologie in Deutschland, Bern 1963. Neuer-
dings auch GEOFFREY G. FIELD, Evangelist of Race. The Germanic
Vision of Houston Stewart Chamberlain, New York 1981.

[10] HUGO VON HOFMANNSTHAL, Das Schrifttum als geistiger Raum
der Nation, München 1927, S. 27.

[11] FRIEDRICH NIETZSCHE, Morgenröte, Werke in drei Bänden, I,
hrsg. von Karl Schlechta, S. 1145.

[12] EDGAR J. JUNG, »Neubelebung von Weimar? Verkehrung der

Fronten«, in: Deutsche Rundschau, CCXXXI (Juni 1932), 154, 159; JOACHIM FEST, Hitler, op. cit., S. 631. Hervorragend für dieses Thema wie für den Nationalsozialismus überhaupt ist: KARL DIETRICH BRACHER, Die Deutsche Diktatur. Entstehung, Struktur, Folgen des Nationalsozialismus, Köln 1969.

[13] Ich möchte auf die ausgezeichnete Doktorarbeit von JERRY ZUCKER MULLER hinweisen: Radical Conservatism and Social Theory: Hans Freyer and the Other God that Failed, doctoral dissertation, Columbia University 1984.

[14] THOMAS MANN, Tagebücher 1933–1934, hrsg. von Peter de Mendelssohn, Frankfurt a. M. 1977, S. 458.

[15] KONRAD HEIDEN, Geschichte des Nationalsozialismus. Die Karriere einer Idee, Berlin 1932, S. 295.

[16] Deutsches Geistesleben und Nationalsozialismus, op. cit., S. 34, 36.

[17] UWE DIETRICH ADAM, Hochschule und Nationalsozialismus. Die Universität Tübingen im Dritten Reich, Tübingen 1977, S. 23, 40.

[18] Die deutschen Universitäten und der heutige Staat, Tübingen 1926, S. 25.

[19] KLAUS SCHOLDER, Die Kirchen und das Dritte Reich. Band 1: Vorgeschichte und Zeit der Illusionen 1918–1934, Frankfurt a. M. 1977, S. 174, 179.

[20] Zitiert in: FRIEDRICH HEER, Der Glaube des Adolf Hitler. Anatomie einer politischen Religiosität, München 1968, S. 252–253.

[21] GERHARD RITTER, Carl Goerdeler und die deutsche Widerstandsbewegung, Stuttgart 1954, S. 43–64 passim; zu Ritters Biographie müssen die kritischen Bemerkungen von CHRISTIAN MÜLLER, Oberst i. G. Stauffenberg. Eine Biographie, Düsseldorf o. J., S. 12–23 passim berücksichtigt werden.

[22] Die Mittwochs-Gesellschaft. Protokolle aus dem geistigen Deutschland 1932 bis 1944, hrsg. von Klaus Scholder, Berlin 1982, S. 66–69.

[23] HANS MOMMSEN, Beamtentum im Dritten Reich. Mit ausgewählten Quellen zur nationalsozialistischen Beamtenpolitik, Stuttgart 1966, S. 21.

[24] Zitiert bei FRANCIS L. CARSTEN, Reichswehr und Politik, 1918–1933, Köln–Berlin 1964, S. 377.

[25] KLAUS-JÜRGEN MÜLLER, General Ludwig Beck. Studien und

Dokumente zur politisch-militärischen Vorstellungswelt und Tätigkeit des Generalstabschefs des deutschen Heeres 1933–1938, Boppard am Rhein 1980, S. 64.

²⁶ GEORG H. KLEINE, »Adelsgenossenschaft und Nationalsozialismus«, in: Vierteljahreshefte für Zeitgeschichte, vol. 26. no. 1, Jan. 1978, S. 116.

²⁷ ALBERT KREBS, Fritz-Dietlof Graf von der Schulenburg. Zwischen Staatsraison und Hochverrat, Hamburg 1964, S. 92.

²⁸ GORDON A. CRAIG, Germany 1866–1945, Oxford 1978, S. 544.

²⁹ REINHARD NEEBE, Großindustrie, Staat und NSDAP 1930–1933. Paul Silverberg und der Reichsverband der deutschen Industrie in der Krise der Weimarer Republik, Göttingen 1981, S. 159–174.

³⁰ SIGMUND FREUD, Zeitgemäßes über Krieg und Tod, zitiert in: ALEXANDER und MARGARETE MITSCHERLICH, Die Unfähigkeit zu trauern. Grundlagen kollektiven Verhaltens, München 1968, S. 142.

³¹ So die Erinnerung von Bruno Walter in seinen Memoiren, Thema und Variationen, zitiert in: THOMAS MANN, Tagebücher, op. cit., S. 612.

³² UWE DIETRICH ADAM, Hochschule und Nationalsozialismus, op. cit., S. 33.

³³ ERICH EBERMAYER, Denn heute gehört uns Deutschland. Persönliches und politisches Tagebuch. Von der Machtergreifung bis zum 31. Dezember 1935, Hamburg–Wien, 1959.

³⁴ Ibid., S. 471.

³⁵ Über Vulgäridealismus siehe FRITZ STERN, Das Scheitern illiberaler Politik. Studien zur politischen Kultur Deutschlands im 19. und 20. Jahrhundert, Frankfurt a. M. 1974, S. 54–61.

³⁶ Zitiert in ECKHART GRÜNEWALD, Ernst Kantorowicz und Stefan George. Beiträge zur Biographie des Historikers bis zum Jahre 1938 und zu seinem Jugendwerk »Kaiser Friedrich der Zweite«, Frankfurter Historische Abhandlungen, Bd. 25, Wiesbaden 1982, S. 123.

³⁷ Thomas Mann an Ernst Bertram. Briefe aus den Jahren 1910–1955, hrsg. von Inge Jens, Pfullingen 1960, S. 178.

³⁸ THOMAS MANN, Tagebücher, op. cit., S. 38.

³⁹ Prof. Dr. C. F. Freiherr v. Weizsäcker an den Autor, 24. 3. 1982.

⁴⁰ THOMAS MANN, Tagebücher, op. cit., S. 174.

[41] ERICH EBERMAYER, Denn heute gehört uns Deutschland, op. cit., S. 249.

[42] FRIEDRICH MEINECKE, Ausgewählter Briefwechsel, hrsg. von Ludwig Dehio und Peter Classen, Stuttgart 1962, S. 346, 348, 363–364.

[43] Zitiert in: EBERHARD ZELLER, Geist der Freiheit. Der Zwanzigste Juli, München 1963, S. 242.

[44] THOMAS MANN, Sorge um Deutschland. Sechs Essays, Frankfurt a. M. 1957, S. 18, 20.

[45] Ibid., S. 63.

[46] THOMAS MANN, Tagebücher, op. cit., S. 7–8, 32, 171.

[47] Ibid., S. 355.

[48] Ibid., S. 83.

[49] Ibid., S. 46.

[50] Ibid., S. 54.

[51] Ibid., S. 130.

[52] Ibid., S. 132.

[53] Thomas Mann an Ernst Bertram. Briefe aus den Jahren 1910–1955, hrsg. von Inge Jens, Pfullingen 1960, S. 179.

[54] THOMAS MANN, Tagebücher, op. cit., S. 243.

[55] Ibid., S. 463.

[56] Ibid., S. 472.

[57] PETER HOFFMANN, Widerstand Staatsstreich Attentat. Der Kampf der Opposition gegen Hitler, München 1969, S. 36.

[58] REINHARD NEEBE, Großindustrie, Staat und NSDAP, op. cit., S. 194.

[59] Max Planck in Selbstzeugnissen und Bilddokumenten, dargestellt von ARMIN HERMANN, Reinbek bei Hamburg 1973, S. 89.

[60] Adenauer, Briefe 1945–1947, in: Adenauer. Rhöndorfer Ausgabe, bearbeitet von HANS PETER MENSING, Berlin 1983, S. 172–173.

Der Gottesbegriff nach Auschwitz

Eine jüdische Stimme

von

Hans Jonas

Als mir mit der Ehre dieses Preises auch die Bürde des ›Festvortrages‹ angetragen wurde und ich in der Lebensbeschreibung des Rabbi Leopold Lucas, zu dessen Andenken er gestiftet wurde, las, daß er in Theresienstadt starb, seine Frau Dorothea aber, die Mutter des Stifters, nach Auschwitz weiterverschickt wurde, wo sie das Schicksal auch *meiner* Mutter teilte, da drängte sich mir unwiderstehlich dies Thema auf. Ich wählte es mit Furcht und Zittern. Aber ich glaubte es jenen Schatten schuldig zu sein, ihnen so etwas wie eine Antwort auf ihren längst verhallten Schrei zu einem stummen Gott nicht zu versagen.

Was ich zu bieten habe, ist ein Stück unverhüllt spekulativer Theologie. Ob sich das für einen Philosophen schickt, lasse ich dahingestellt. Immanuel Kant hat alles dergleichen aus dem Geschäft der theoretischen Vernunft und damit aus der Philosophie verbannt; und der logische Positivismus unseres Jahrhunderts, die ganze herrschende Analytik, hat sogar den darin verwendeten sprachlichen Ausdrücken für die vermeintlich verhandelten Sachen jede solche Sachbedeutung abgesprochen, also jeden begrifflichen Sinn überhaupt, und damit schon das bloße Reden darüber – von der Wahrheits- und Bewahrheitungsfrage ganz abgesehen – für baren Unsinn erklärt. Dies allerdings hätte den alten Kant aufs höchste erstaunt. Denn er hielt ganz im Gegenteil diese angeblichen Nichtgegenstände für die höchsten Gegenstände, von denen die Vernunft gar nicht lassen kann, obwohl sie zu keiner Erkenntnis von ihnen zu gelangen hoffen darf, also in ihrer Verfolgung durch die unverrückbaren Grenzen

menschlichen Erkennens notwendig zum Scheitern
verurteilt ist. Doch das läßt neben der völligen Entsagung noch einen andern Weg offen. Denn wer das
Scheitern in Sachen des Wissens in Kauf nimmt, ja,
von vornherein auf dies Ziel überhaupt verzichtet, der
darf in Sachen von Sinn und Bedeutung sehr wohl über
solche Dinge nachdenken. Denn die Behauptung, daß
hier nicht einmal Sinn und Bedeutung vorliegen – die
läßt sich leicht als tautologischer Zirkelschluß abtun,
da sie im voraus ›Sinn‹ als das definiert hat, was sich
zuguterletzt durch Sinnesdaten verifizieren läßt, also
›sinnvoll‹ mit ›wißbar‹ gleichsetzt. An diesen Gewalt-
streich per definitionem ist nur gebunden, wer ihm
zugestimmt hat. Es läßt sich also am Gottes*begriff* arbeiten, auch wenn es keinen Gottes*beweis* gibt; und
eine solche Arbeit ist philosophisch, wenn sie sich an
die Strenge des Begriffs – und das heißt auch: an seinen
Zusammenhang mit dem All der Begriffe – hält.

Aber natürlich ist dies viel zu allgemein und unper-
sönlich. Wie Kant der praktischen Vernunft zuge-
stand, was er der theoretischen versagte, so dürfen *wir*
die Wucht einmaliger und ungeheuerlicher Erfahrung
mitsprechen lassen in der Frage, was es mit Gott auf
sich habe. Und da erhebt sich sogleich die Frage: Was
hat Auschwitz dem hinzugefügt, was man schon immer wissen konnte vom Ausmaß des Schrecklichen
und Entsetzlichen, was Menschen anderen Menschen
antun können und seit je getan haben? Und was im
besonderen hat es dem hinzugefügt, was uns Juden aus
tausendjähriger Leidensgeschichte bekannt ist und einen so wesentlichen Teil unserer kollektiven Erinne-

rung ausmacht? Die *Hiobs*frage war seit je die Hauptfrage der Theodizee – der allgemeinen wegen der Existenz des Übels in der Welt überhaupt, der besonderen in der Verschärfung durch das Rätsel der Erwählung, des angeblichen Bundes zwischen Israel und seinem Gott. Was diese Verschärfung betrifft, unter der auch unsere jetzige Frage steht, so konnte anfangs noch – von den biblischen Propheten – der Bund selber zur Erklärung berufen werden: Das Bundesvolk war ihm untreu geworden. In den langen Zeiten der Treue danach aber war nicht mehr heimgesuchte Schuld die Erklärung, sondern die Idee der Zeugenschaft, diese Schöpfung der Makkabäerzeit, die der Nachwelt den Begriff des Märtyrers vermachte. Ihm gemäß dulden das Ärgste gerade die Unschuldigen und Gerechten. So gingen im Mittelalter ganze Gemeinden mit dem *Sch'ma Jisrael*, dem Bekenntnis der Einheit Gottes auf den Lippen in den Schwert- und Flammentod. Der hebräische Name dafür ist *Kiddusch-haschēm*, ›Heiligung des Namens‹, und die Gemordeten hießen ›Heilige‹. Durch ihr Opfer leuchtete das Licht der Verheißung, der endlichen Erlösung durch den kommenden Messias.

Nichts von alledem verfängt mehr bei dem Geschehen, das den Namen ›Auschwitz‹ trägt. Nicht Treue oder Untreue, Glaube oder Unglaube, nicht Schuld und Strafe, nicht Prüfung, Zeugnis und Erlösungshoffnung, nicht einmal Stärke oder Schwäche, Heldentum oder Feigheit, Trotz oder Ergebung hatten da einen Platz. Von alledem wußte Auschwitz nichts, das auch die unmündigen Kinder verschlang, zu nichts davon bot es auch nur die Gelegenheit. Nicht um des Glaubens *willen* starben jene dort (wie immerhin noch die Zeugen Jehovas), und nicht *wegen* ihres Glaubens oder irgendeiner Willensrichtung ihres Personseins wurden sie gemordet. Dehumanisierung durch letzte Erniedrigung und Entbehrung ging dem Sterben voran, kein Schimmer des Menschenadels wurde den zur Endlösung Bestimmten gelassen, nichts davon war bei den überlebenden Skelettgespenstern der befreiten Lager noch erkennbar. Und doch – Paradox der Paradoxe – war es das alte Volk des Bundes, an den fast keiner der Beteiligten, Töter und selbst Opfer, mehr glaubte, aber eben gerade dieses und kein anderes, das unter der Fiktion der Rasse zu dieser Gesamtvernichtung ausersehen war: die gräßlichste Umkehrung der Erwählung in den Fluch, der jeder Sinngebung spottete. Also besteht doch ein Zusammenhang – perversester Art – mit den Gottsuchern und Propheten von einst, deren Nachfahren so aus der Zerstreuung ausgelesen und in die Vereinigung des gemeinsamen Todes versammelt wurden. Und Gott ließ es geschehen. Was für ein Gott konnte es geschehen lassen?

Hier ist nun einzuschalten, daß bei dieser Frage der Jude theologisch in einer schwierigeren Lage ist als der Christ. Denn für den Christen, der das wahre Heil vom Jenseits erwartet, ist diese Welt ohnehin weitgehend des Teufels und immer Gegenstand des Mißtrauens, besonders die Menschenwelt wegen der Erbsünde. Aber für den Juden, der im Diesseits den Ort der göttlichen Schöpfung, Gerechtigkeit und Erlösung sieht, ist Gott eminent der Herr der *Geschichte*, und da stellt ›Auschwitz‹ selbst für den Gläubigen den ganzen überlieferten Gottesbegriff in Frage. Es fügt in der Tat, wie ich soeben zu zeigen versuchte, der jüdischen Geschichtserfahrung ein Niedagewesenes hinzu, das mit den alten theologischen Kategorien nicht zu meistern ist. Wer aber vom Gottesbegriff nicht einfach lassen will – und dazu hat selbst der Philosoph ein Recht –, der muß, um ihn nicht aufgeben zu müssen, ihn neu überdenken und auf die alte Hiobsfrage eine neue Antwort suchen. Den ›Herrn der Geschichte‹ wird er dabei wohl fahren lassen müssen. Also: Was für ein Gott konnte es geschehen lassen?

Hier greife ich zurück auf einen früheren Versuch, den ich in Konfrontation mit der viel weiteren Frage der Unsterblichkeit einmal gewagt habe, in den aber der Schatten von Auschwitz auch schon hineinragte*. Damals half ich mir mit einem selbsterdachten *Mythos* – jenem Mittel bildlicher, doch glaublicher Vermutung, das Plato für die Sphäre jenseits des Wißbaren erlaubte. Erlauben Sie mir jetzt, ihn hier zu wiederholen.

Im Anfang, aus unerkennbarer Wahl, entschied der göttliche Grund des Seins, sich dem Zufall, dem Wagnis und der endlosen Mannigfaltigkeit des Werdens anheimzugeben. Und zwar gänzlich: Da sie einging in das Abenteuer von Raum und Zeit, hielt die Gottheit nichts von sich zurück; kein unergriffener und immuner Teil von ihr blieb, um die umwegige Ausformung

---

* Siehe H. JONAS, Zwischen Nichts und Ewigkeit, Kleine Vandenhoeck-Reihe 165, Göttingen 1963, S. 55 ff.

ihres Schicksals in der Schöpfung von jenseits her zu
lenken, zu berichtigen und letztlich zu garantieren. Auf
dieser bedingungslosen Immanenz besteht der moderne Geist. Es ist sein Mut oder seine Verzweiflung, in
jedem Fall seine bittere Ehrlichkeit, unser In-der-Welt-
sein ernst zu nehmen: die Welt als sich selbst überlassen
zu sehen, ihre Gesetze als keine Einmischung duldend,
und die Strenge unserer Zugehörigkeit als durch keine
außerweltliche Vorsehung gemildert. Dasselbe fordert
unser Mythos von Gottes In-der-Welt-sein. Nicht aber
im Sinne pantheistischer Immanenz: wenn Gott und
Welt einfach identisch sind, dann stellt die Welt in
jedem Augenblick und jedem Zustand seine Fülle dar,
und Gott kann weder verlieren noch auch gewinnen.
Vielmehr, damit Welt sei, und für sich selbst sei, ent-
sagte Gott seinem eigenen Sein; er entkleidete sich
seiner Gottheit, um sie zurückzuempfangen von der
Odyssee der Zeit, beladen mit der Zufallsernte unvor-
hersehbarer zeitlicher Erfahrung, verklärt oder vielleicht auch entstellt durch sie. In solcher Selbstpreisga-
be göttlicher Integrität um des vorbehaltlosen Werdens willen kann kein anderes Vorwissen zugestanden
werden als das der *Möglichkeiten*, die kosmisches Sein
durch seine eigenen Bedingungen gewährt: Eben diesen Bedingungen lieferte Gott seine Sache aus, da er
sich entäußerte zugunsten der Welt.

Und für Äonen ist sie sicher in den langsam arbeiten-
den Händen kosmischen Zufalls und der Wahrschein-
lichkeiten seines Mengenspiels – während immerfort,
so dürfen wir vermuten, ein geduldiges Gedächtnis
vom Kreisen der Materie sich ansammelt und zu der

ahnenden Erwartung anwächst, mit der das Ewige die Werke der Zeit zunehmend begleitet – ein zögerndes Auftauchen der Transzendenz aus der Undurchsichtigkeit der Immanenz.

Und dann die erste Regung von *Leben* – eine neue Sprache der Welt: und mit ihm eine enorme Steigerung des Interesses im ewigen Bereich und ein plötzlicher Sprung im Wachstum zum Wiedererwerb seiner Fülle. Es ist der Weltzufall, auf den die werdende Gottheit wartete und mit dem ihr verschwenderischer Einsatz zuerst Zeichen seiner schließlichen Einlösung zeigt. Aus der unendlich schwellenden Dünung von Fühlen, Wahrnehmen, Streben und Handeln, die immer mannigfacher und intensiver über den stummen Wirbeln der Materie sich hebt, gewinnt die Ewigkeit Kraft, füllt sich mit Inhalt um Inhalt von Selbstbejahung, und zum erstenmal kann der erwachende Gott sagen, die Schöpfung sei gut.

Aber man beachte, daß mit dem Leben zusammen der Tod kam, und daß Sterblichkeit der Preis ist, den die neue Möglichkeit des Seins für sich zu zahlen hatte. Wenn ständige Dauer das Ziel wäre, hätte Leben gar nicht erst beginnen dürfen, denn in keiner möglichen Form kann es sich mit der Dauerhaftigkeit inorganischer Körper messen. Es ist wesentlich widerrufliches und zerstörbares Sein, ein Abenteuer der Sterblichkeit, das vom langwährenden Stoff auf dessen Bedingungen – auf die kurzfristige Bedingung des stoffwechselnden Organismus – die endlichen Laufbahnen individueller Selbste zum Darlehen erlangt. Aber eben im kurz behaupteten Selbst-Fühlen, Handeln und Leiden endli-

cher Individuen, das vom Druck der Endlichkeit erst
die ganze Dringlichkeit und damit Frische des Empfin-
dens bezieht, entfaltet die göttliche Landschaft ihr Far-
benspiel und kommt die Gottheit zur Erfahrung ihrer
selbst. . .

Man bemerke ebenfalls, daß in der Unschuld des
Lebens vor dem Erscheinen des Wissens die Sache
Gottes nicht fehlgehen kann. Jeder Artunterschied,
den die Evolution hervorbringt, fügt den Möglichkeiten von Fühlen und Tun die eigene hinzu und berei-
chert damit die Selbsterfahrung des göttlichen Grun-
des. Jede in ihrem Lauf sich neu auftuende Dimension
der Weltbeantwortung bedeutet eine neue Modalität
für Gott, sein verborgenes Wesen zu erproben und
durch die Überraschungen des Weltabenteuers sich
selbst zu entdecken. Und all die Ernte ihrer bedrängten
Werdemühe, ob hell oder dunkel, schwellt den jensei-
tigen Schatz zeitlich gelebter Ewigkeit. Gilt dies schon
für das sich verbreiternde Spektrum der Mannigfaltigkeit an sich, um wieviel mehr für die sich steigernde
Wachheit und Leidenschaft des Lebens, die mit dem
Zwillingswachstum von Wahrnehmung und Bewegung im Tierreich einhergeht. Die immer größere
Schärfung von Trieb und Angst, Lust und Schmerz,
Triumph und Entbehrung, Liebe und selbst Grausam-
keit – das Durchdringende ihrer Intensität an sich, allen
Erfahrens überhaupt, ist ein Gewinn des göttlichen
Subjekts, und ihr zahllos wiederholtes, doch nie sich
abstumpfendes Durchleben (schon darum die Not-
wendigkeit von Tod und neuer Geburt) liefert die ge-
läuterte Essenz, aus der die Gottheit sich neu erbaut.

Alles dies stellt die Evolution zur Verfügung durch die bloße Üppigkeit ihres Spiels und die Strenge ihres Sporns. Ihre Geschöpfe, indem sie nur ihrem Trieb gemäß sich selbst erfüllen, rechtfertigen das göttliche Wagnis. Selbst ihr Leiden vertieft noch die Tonfülle der Symphonie. So kann denn, diesseits von Gut und Böse, Gott im großen Glücksspiel der Entwicklung nicht verlieren.

Ebensowenig aber kann er im Schutze ihrer Unschuld wahrhaft gewinnen, und eine neue Erwartung wächst in ihm in Antwort auf die Richtung, die die bewußtlose Bewegung der Immanenz allmählich nimmt.

Und dann zittert er, da der Stoß der Entwicklung, von seiner eigenen Schwungkraft getragen, die Schwelle überschreitet, wo Unschuld aufhört und ein gänzlich neues Kriterium des Erfolgs und Fehlschlags vom göttlichen Einsatz Besitz ergreift. Die Heraufkunft des Menschen bedeutet die Heraufkunft von Wissen und Freiheit, und mit dieser höchst zweischneidigen Gabe macht die Unschuld des bloßen Subjekts sich selbst erfüllenden Lebens Platz für die Aufgabe der Verantwortung unter der Disjunktion von Gut und Böse. Der Chance und Gefahr dieser Vollzugsdimension ist die nun erst offenbar gewordene göttliche Sache hinfort anvertraut, und ihr Ausgang schwankt in der Waage. Das Bild Gottes, stockend begonnen vom physischen All, solange in Arbeit – und unentschieden gelassen – in den weiten und dann sich verengernden Spiralen vormenschlichen Lebens, geht mit dieser letzten Wendung, und mit dramatischer Beschleunigung der Bewegung, in die fragwürdige Verwahrung des Menschen über, um erfüllt, gerettet oder verdorben zu werden durch das, was er mit sich und der Welt tut. Und in diesem furchterregenden Auftreffen seiner Taten auf das göttliche Geschick, ihrer Wirkung auf den ganzen Zustand des ewigen Seins, besteht die menschliche Unsterblichkeit.

Mit dem Erscheinen des Menschen erwachte die Transzendenz zu sich selbst und begleitet hinfort sein Tun mit angehaltenem Atem, hoffend und werbend, mit Freude und mit Trauer, mit Befriedigung und Enttäuschung – und, wie ich glauben möchte, sich ihm fühlbar machend, ohne doch in die Dynamik des weltlichen Schauplatzes einzugreifen: Denn könnte es nicht sein, daß das Transzendente durch den Widerschein seines Zustandes, wie er flackert mit der schwankenden Bilanz menschlichen Tuns, Licht und Schatten über die menschliche Landschaft wirft?

Soweit der hypothetische Mythos, den ich einst in anderer Sache zur Erwägung gestellt habe. Er hat theologische Implikationen, die ich mir erst langsam klarmachte. Hiervon will ich einige der offenkundigeren entwickeln, in der Hoffnung, durch die Übersetzung vom Bildlichen ins Begriffliche das, was als eine seltsame und willkürliche private Phantasie erscheinen muß, mit der verantwortlicheren Überlieferung jüdisch-religiösen Denkens zu verknüpfen. Auf diese Weise versuche ich, den Leichtsinn meiner versuchend tastenden Spekulation in etwa ehrlich zu machen.

Zuerst denn, und am offenkundigsten, habe ich von einem *leidenden* Gott gesprochen – was unmittelbar in

Widerspruch zur biblischen Vorstellung göttlicher Majestät zu stehen scheint. Natürlich gibt es die christliche Bedeutung des Ausdrucks »leidender Gott«, mit der aber mein Mythos nicht verwechselt werden darf: Er spricht nicht, wie jener es tut, von einem einmaligen Akt, durch den die Gottheit zu einer bestimmten Zeit, und zu dem besonderen Zweck der Erlösung des Menschen, einen Teil ihrer selbst in eine bestimmte Leidenssituation sandte (die Fleischwerdung und Kreuzigung). Wenn irgend etwas von dem, was ich sagte, Sinn hat, dann ist dieser Sinn, daß das Verhältnis Gottes zur Welt *vom Augenblick der Schöpfung an*, und gewiß von der Schöpfung des Menschen an, ein Leiden seitens Gottes beinhaltet. Natürlich beinhaltet es auch Leiden von seiten der Kreatur, aber diese Selbstverständlichkeit ist seit je in jeder Theologie anerkannt worden. Nicht so die Idee, daß Gott mit der Schöpfung leidet, und von ihr sagte ich, daß sie prima facie mit der biblischen Vorstellung göttlicher Majestät zusammenprallt. Aber tut sie dies wirklich so extrem, wie es auf den ersten Blick erscheint? Begegnen wir nicht auch in der hebräischen Bibel Gott, wie er sich vom Menschen mißachtet und verschmäht sieht und sich um ihn grämt? Sehen wir ihn nicht einmal sogar bereuen, daß er den Menschen schuf, und häufig Kummer leiden an der Enttäuschung, die er mit ihm erfährt – und besonders mit seinem erwählten Volk? Erinnern wir uns an den Propheten Hosea und Gottes bewegte Liebesklage um sein ungetreues Weib Israel.

Sodann, als nächster Punkt, zeichnet der Mythos das Bild eines *werdenden* Gottes. Es ist ein Gott, der in der

Zeit hervorgeht anstatt ein vollständiges Sein zu besitzen, das mit sich identisch bleibt durch die Ewigkeit. Solch eine Idee göttlichen Werdens steht gewiß in Widerspruch zur griechischen, platonisch-aristotelischen Überlieferung philosophischer Theologie, die seit ihrer Einverleibung in die jüdische und christliche theologische Tradition irgendwie eine Autorität für sich usurpiert hat, zu der sie nach authentisch jüdischen (und auch christlichen) Maßstäben keineswegs berechtigt ist. Transtemporalität, Impassibilität, Immutabilität wurden zu notwendigen Attributen Gottes erklärt. Und die ontologische Entgegensetzung, die klassisches Denken zwischen Sein und Werden behauptet hatte, wobei das Werden dem Sein unterlegen und kennzeichnend für die niedere, körperliche Welt ist, schloß jeden Schatten eines Werdens von dem reinen, absoluten Sein der Gottheit aus. Aber dieser hellenische Begriff hat niemals gut zum Geiste und zur Sprache der Bibel gestimmt; und der Begriff eines göttlichen Werdens kann tatsächlich besser mit ihr vereint werden.

Denn was besagt der werdende Gott? Selbst wenn wir nicht so weit gehen, wie unser Mythos vorschlägt, so viel an ›Werden‹ wenigstens müssen wir in Gott zugestehen, wie in der bloßen Tatsache liegt, daß er von dem, was in der Welt geschieht, affiziert wird, und ›affiziert‹ heißt alteriert, im Zustand verändert. Auch wenn wir davon absehen, daß schon die Schöpfung als solche, als Akt und als Dasein seines Ergebnisses, ja schließlich eine entscheidende Änderung im Zustand Gottes darstellt, insofern er nun nicht mehr allein ist, so bedeutet sein fortlaufendes *Verhältnis* zum Geschaffenen, wenn dies erst einmal existiert und sich im Flusse des Werdens dahinbewegt, eben dies, daß er etwas mit der Welt erfährt, daß also sein eigenes Sein von dem, was in ihr vorgeht, beeinflußt wird. Das gilt schon für das bloße Verhältnis begleitenden Wissens, ganz zu schweigen von dem des Interesses. Also, wenn Gott in irgendeiner Beziehung zur Welt steht – und das ist die kardinale Annahme der Religion – dann hat hierdurch allein der Ewige sich »verzeitlicht« und wird fortschreitend anders durch die Verwirklichungen des Weltprozesses.

Eine beiläufige Folge der Idee des werdenden Gottes ist, daß sie die Idee einer Wiederkehr des Gleichen zerstört. Das war Nietzsches Alternative zur christlichen Metaphysik, die in diesem Falle dieselbe wie die jüdische ist. Nietzsches Idee ist in der Tat das extreme Symbol der Wendung zu unbedingter Zeitlichkeit und Immanenz, hinweg von jeder Transzendenz, die ein ewiges Gedächtnis von dem in der Zeit Vergehenden bewahren könnte: die Idee nämlich, daß durch die bloße Erschöpfung der möglichen Permutationen in der Verteilung stofflicher Elemente eine ›anfängliche‹ Konfiguration des Weltalls wieder eintreten muß, mit der alles identisch wieder von vorne beginnt; und wenn einmal, dann unzählige Male – Nietzsches »Ring der Ringe, der Ring der ewigen Wiederkunft«. Wenn wir jedoch annehmen, daß die Ewigkeit nicht unberührt ist von dem, was sich in der Zeit begibt, dann kann es niemals eine Wiederkehr des Gleichen geben, weil Gott nicht der gleiche sein wird, nachdem er durch die Erfahrung eines Weltprozesses gegangen ist. Jede neue Welt, die nach dem Ende einer gewesenen kommen mag, wird sozusagen in ihrem eigenen Erbe die Erinnerung an das Vorangegangene tragen; oder mit andern Worten: es wird nicht eine indifferente und tote Ewigkeit da sein, sondern eine, die wächst mit der sich anhäufenden Ernte der Zeit.

Eng verbunden mit den Begriffen eines leidenden und eines werdenden Gottes ist der eines *sich sorgenden* Gottes – eines Gottes, der nicht fern und abgelöst und in-sich-beschlossen, sondern verwickelt ist in das, worum er sich sorgt. Was immer der »uranfängliche« Zustand der Gottheit sei, er hörte auf, in sich beschlossen zu sein in dem Augenblick, da er sich auf das Dasein einer Welt einließ, indem er eine solche Welt schuf oder ihre Entstehung zuließ. Daß Gott um und für seine Geschöpfe Sorge trägt, gehört natürlich zu den vertrautesten Grundsätzen jüdischen Glaubens. Aber unser Mythos betont den weniger vertrauten Aspekt, daß dieser sorgende Gott kein Zauberer ist, der im Akt des Sorgens zugleich auch die Erfüllung seines Sorgeziels herbeiführt: Etwas hat er andern Akteuren zu tun gelassen und hat damit seine Sorge von ihnen abhängig gemacht. Er ist daher auch ein gefährdeter Gott, ein Gott mit eigenem Risiko. Daß dies sein muß, ist klar, denn sonst wäre die Welt im Zustand permanenter Vollkommenheit. Die Tatsache, daß sie es nicht ist, kann nur eins von zwei Dingen bedeuten: entweder, daß es den Einen Gott gar nicht gibt (obwohl vielleicht mehr als einen), oder daß der Eine etwas Anderem als er selbst, von ihm Geschaffenen,

einen Spielraum und eine Mitbestimmung überlassen
hat bezüglich dessen, was ein Gegenstand seiner Sorge
ist. Deshalb sagte ich, der sorgende Gott sei kein Zauberer. Irgendwie hat er, durch einen Akt unerforschli-
cher Weisheit oder der Liebe oder was immer das
göttliche Motiv gewesen sein mag, darauf verzichtet,
die Befriedigung seiner selbst durch seine eigene
Macht zu garantieren, nachdem er schon durch die
Schöpfung selbst darauf verzichtet hatte, alles in allem
zu sein.

Und damit kommen wir zu dem, was vielleicht der
kritischste Punkt in unserm spekulativen theologischen Wagnis ist: Dies ist nicht ein allmächtiger Gott!
In der Tat behaupten wir, um unseres Gottesbildes
willen und um unseres ganzen Verhältnisses zum Göttlichen willen, daß wir die althergebrachte (mittelalter-
liche) Doktrin absoluter, unbegrenzter göttlicher
Macht nicht aufrechterhalten können. Lassen Sie mich
das zuerst auf rein logischer Ebene begründen durch
die Artikulierung der Paradoxie, die schon im Begriff
absoluter Macht liegt. Die logische Situation ist in der
Tat keineswegs die, daß göttliche Allmacht die ver-
nunftmäßig plausible und irgendwie sich selbst emp-
fehlende Lehre ist, während die ihrer Begrenzung
querköpfig und der Verteidigung bedürftig ist. Ganz
im Gegenteil. Es folgt aus dem bloßen Begriff der
Macht, daß Allmacht ein sich selbst widersprechender,
selbst-aufhebender, ja sinnloser Begriff ist. Es steht
damit, wie im menschlichen Bereich mit der Freiheit.
Weit entfernt, daß diese beginnt, wo die Notwendigkeit endet, besteht und lebt sie im Sichmessen mit der

Notwendigkeit. Die Abscheidung vom Reiche der
Notwendigkeit entzieht der Freiheit ihren Gegenstand, sie wird ohne ihn ebenso nichtig wie Kraft ohne
Widerstand. Absolute Freiheit wäre leere Freiheit, die
sich selber aufhebt. So auch leere Macht, und das wäre
die absolute Alleinmacht. Absolute, totale Macht bedeutet Macht, die durch nichts begrenzt ist, nicht einmal durch die Existenz von etwas anderm überhaupt,
etwas außer ihr selbst und von ihr Verschiedenem.
Denn die bloße Existenz eines solchen anderen würde
schon eine Begrenzung darstellen, und die eine Macht
müßte dies andere vernichten, um ihre Absolutheit zu
bewahren. Absolute Macht hat dann in ihrer Einsam-
keit keinen Gegenstand, auf den sie wirken könnte. Als
gegenstandslose Macht aber ist sie machtlose Macht,
die sich selbst aufhebt. ›All‹ ist hier gleich ›Null‹. Damit sie wirken kann, muß etwas anderes da sein, und
sobald es da ist, ist das eine nicht mehr all-mächtig,
obwohl seine Macht bei jedem Vergleich beliebig hoch
überlegen sein kann. Die geduldete Existenz per se
eines andern Gegenstands limitiert als Bedingung der
Betätigung die Macht der mächtigsten Wirkkraft, *indem* sie ihr zugleich erst erlaubt, eine Wirkkraft zu sein.
Kurz, ›Macht‹ ist ein *Verhältnis*begriff und erfordert ein
mehrpoliges Verhältnis. Selbst dann ist Macht, die
keinem *Widerstand* in ihrem Bezugspartner begegnet,
dasselbe wie überhaupt keine Macht. Macht kommt
zur Ausübung nur in Beziehung zu etwas, was selber
Macht hat. Macht, wenn sie nicht müßig sein soll,
besteht in der Fähigkeit, etwas zu überwinden; und
Koexistenz eines anderen ist als solche genug, diese

Bedingung beizustellen. Denn Dasein heißt Widerstand und somit gegenwirkende Kraft. So wie in der
Physik Kraft ohne Widerstand, also Gegenkraft, leer
bleibt, so auch in der Metyphysik Macht ohne Gegen-
macht, ungleich wie sie sei. Dasjenige also, worauf die
Macht wirkt, muß eine Macht von sich her haben,
selbst wenn diese von jener ersten abstammt und dem
Inhaber, in eins mit seinem Dasein, ursprünglich gewährt wurde durch einen Selbstverzicht der grenzen-
losen Macht – eben im Akt der Schöpfung. Kurz, es
kann nicht sein, daß alle Macht auf seiten eines Wirk-
subjekts allein sei. Macht muß geteilt sein, damit es
überhaupt Macht gibt.

Doch neben diesem logischen und ontologischen
gibt es einen mehr theologischen und echt religiösen
Einwand gegen die Idee absoluter und unbegrenzter
göttlicher Allmacht. Göttliche Allmacht kann mit
göttlicher Güte nur zusammenbestehen um den Preis
gänzlicher göttlicher Unerforschlichkeit, d. h. Rätsel-
haftigkeit. Angesichts der Existenz des Bösen oder
auch nur des Übels in der Welt müßten wir Verständ-
lichkeit in Gott der Verbindung der beiden andern
Attribute aufopfern. Nur von einem gänzlich unver-
stehbaren Gott kann gesagt werden, daß er zugleich
absolut gut und absolut mächtig ist und doch die Welt
duldet, wie sie ist. Allgemeiner gesagt, die drei Attribute in Frage – absolute Güte, absolute Macht und
Verstehbarkeit – stehen in einem solchen Verhältnis,
daß jede Verbindung von zweien von ihnen das dritte
ausschließt. Die Frage ist dann: Welche von ihnen sind
wahrhaft integral für unsern Begriff von Gott und

daher unveräußerlich, und welches dritte muß als weniger kräftig dem überlegenen Anspruch der andern weichen? Gewiß nun ist Güte, d. h. das Wollen des Guten, untrennbar von unserm Gottesbegriff und kann keiner Einschränkung unterliegen. Verstehbarkeit oder Erkennbarkeit, die zweifach bedingt ist: vom Wesen Gottes und von den Grenzen des Menschen, ist in letzterer Hinsicht allerdings der Einschränkung unterworfen, aber unter keinen Umständen duldet sie totale Verneinung. Der deus absconditus, der verborgene Gott (nicht zu reden vom absurden Gott), ist eine zutiefst unjüdische Vorstellung. Unsere Lehre, die Thora, beruht darin und besteht darauf, daß wir Gott verstehen können, nicht vollständig natürlich, aber etwas von ihm – von seinem Willen, seinen Absichten und sogar von seinem Wesen, denn er hat es uns kundgetan. Es hat Offenbarung gegeben, wir besitzen seine Gebote und sein Gesetz, und manchen – seinen Propheten – hat er sich direkt mitgeteilt, als seinem Mund für alle in der Sprache der Menschen und der Zeit, gebrochen daher in diesem beschränkenden Medium, doch nicht in dunklem Geheimnis. Ein gänzlich verborgener, unverständlicher Gott ist ein unannehmbarer Begriff nach jüdischer Norm.

Genau das aber müßte er sein, wenn ihm zusammen mit Allgüte auch Allmacht zugeschrieben würde. Nach Auschwitz können wir mit größerer Entschiedenheit als je zuvor behaupten, daß eine allmächtige Gottheit entweder nicht allgütig oder (in ihrem Weltregiment, worin allein wir sie erfassen können) total unverständlich wäre. Wenn aber Gott auf gewisse

Weise und in gewissem Grade verstehbar sein soll (und hieran müssen wir festhalten), dann muß sein Gutsein vereinbar sein mit der Existenz des Übels, und das ist es nur, wenn er nicht *all*-mächtig ist. Nur dann können wir aufrechterhalten, daß er verstehbar und gut ist und es dennoch Übel in der Welt gibt. Und da wir sowieso den Begriff der Allmacht als zweifelhaft in sich selbst befanden, so ist es dieses Attribut, das weichen muß.

Bis hierher hat unser Argument um die Allmacht nicht mehr getan, als für jede in Kontinuität mit dem jüdischen Erbe stehende Theologie den Grundsatz aufzustellen, daß Gottes Macht als begrenzt anzusehen ist durch etwas, dessen Existenz aus eigenem Recht und dessen Macht, aus eigener Autorität zu wirken, er selbst anerkennnt. Das ließe sich nun auch als lediglich ein Zugeständnis von Gottes Seite interpretieren, das er widerrufen kann, wann es ihm beliebt, das heißt also als Zurückhaltung einer Macht, die er unverkürzt besitzt, aber um des Eigenrechts der Schöpfung willen nur verkürzt gebraucht. Doch das würde nicht genügen, denn bei dem wahrhaft und ganz einseitig Ungeheuerlichen, das unter seinen Ebenbildern in der Schöpfung dann und wann die einen den schuldlos andern antun, dürfte man wohl erwarten, daß der gute Gott die eigene Regel selbst äußerster Zurückhaltung seiner Macht dann und wann bricht und mit dem rettenden Wunder eingreift. Doch kein rettendes Wunder geschah; durch die Jahre des Auschwitz-Wütens schwieg Gott. Die Wunder, die geschahen, kamen von Menschen allein: die Taten jener einzelnen, oft unbekann-

ten Gerechten unter den Völkern, die selbst das letzte
Opfer nicht scheuten, um zu retten, zu lindern, ja,
wenn es nicht anders ging, hierbei das Los Israels zu
teilen. Von ihnen werde ich noch einmal sprechen.
Aber Gott schwieg. Und da sage ich nun: nicht weil er
nicht wollte, sondern weil er nicht konnte, griff er
nicht ein. Aus Gründen, die entscheidend von der zeit-
genössischen Erfahrung eingegeben sind, proponiere
ich die Idee eines Gottes, der für eine Zeit – die Zeit des
fortgehenden Weltprozesses – sich jeder Macht der
Einmischung in den *physischen* Verlauf der Weltdinge
begeben hat; der dem Aufprall des weltlichen Gesche-
hens auf sein eigenes Sein antwortet nicht »mit starker
Hand und ausgestrecktem Arm«, wie wir Juden alljährlich im Gedenken an den Auszug aus Ägypten
rezitieren, sondern mit dem eindringlich-stummen
Werben seines unerfüllten Zieles.

Hierin also entfernt sich mein Spekulieren weit von
ältester jüdischer Lehre. Mehrere der Dreizehn Glau-
benslehren des Maimonides, die im Gottesdienst ge-
sungen werden, fallen mit der ›starken Hand‹ dahin:
die Sätze von Gottes Herrschermacht über die Schöpfung, seiner Belohnung der Guten und Bestrafung der
Bösen, selbst vom Kommen des verheißenen Messias.
Nicht aber die vom Ruf an die Seelen, von der Inspira-
tion der Propheten und der Thora, also auch nicht die
Idee der Erwählung, denn nur aufs Physische bezieht
sich die Ohnmacht Gottes. Vor allem bleibt es bei dem
einen Gott und so bei dem ›Höre, Israel‹; kein manichä-
ischer Dualismus wird bemüht zur Erklärung des Bösen, aus den Herzen der Menschen allein steigt es auf

und gewinnt es Macht in der Welt. Im bloßen Zulassen menschlicher Freiheit liegt ein Verzicht der göttlichen Macht. Schon aus unserer Erörterung von Macht überhaupt folgte ja die Verneinung göttlicher Omnipotenz. Das läßt theoretisch die Wahl offen zwischen einem anfänglichen, theologischen oder ontologischen *Dualismus* und der *Selbst*beschränkung des einzigen Gottes durch die Schöpfung aus dem Nichts. Der Dualismus wiederum kann die manichäische Gestalt einer aktiven Kraft des Bösen annehmen, die von Anfang an dem göttlichen Zweck in allen Dingen entgegenwirkt: eine Zwei-Gott-Theologie; oder die platonische Gestalt eines passiven Mediums, das – ebenso universal – die Verkörperung des Ideals in der Welt nur unvollkommen gestattet: eine Form-Stoff-Ontologie. Die erstere Wahl – die Zwei-Gott-Theologie – ist evident unannehmbar für das Judentum. Die platonische Wahl beantwortet bestenfalls das Problem der Unvollkommenheit und der Naturnotwendigkeit, aber nicht das des positiv-Bösen, das eine Freiheit mit eigener Ermächtigung selbst ihrem Schöpfer gegenüber impliziert; und es ist die Tatsache und das Gelingen des gewollt Bösen, viel mehr als die Heimsuchungen der blinden Naturkausalität – Auschwitz und nicht das Erdbeben von Lissabon – womit jüdische Theologie heute zu ringen hat. Nur mit der Schöpfung aus dem Nichts haben wir die *Einheit* des göttlichen Prinzips zusammen mit seiner *Selbst*beschränkung, die *Raum* gibt für die Existenz und Autonomie einer Welt. Die Schöpfung war der Akt der absoluten Souveränität, mit dem sie um des Daseins selbstbestimmender Endlichkeit willen einwilligte, nicht länger absolut zu sein – ein Akt also der göttlichen Selbstentäußerung.

Und da erinnern wir uns, daß auch die jüdische Überlieferung nicht gar so monolithisch in Dingen der göttlichen Souveränität ist, wie die offizielle Lehre es erscheinen läßt. Die mächtige Unterströmung der Kabbala, die in unsern Tagen von Gershom Scholem neu ans Licht gezogen wurde, weiß von einem Schicksal Gottes, dem er sich mit der Weltwerdung unterzog. Dort gibt es hochoriginelle und sehr unorthodoxe Spekulationen, unter denen meine nicht so gänzlich allein stehen würde. Zum Beispiel radikalisiert mein Mythos im Grunde nur die Idee des *Zimzum*, diesen kosmogonischen Zentralbegriff, der Lurianischen Kabbala. *Zimzum* bedeutet Kontraktion, Rückzug, Selbsteinschränkung. Um Raum zu machen für die Welt, mußte der *En-Ssof* des Anfangs, der Unendliche, sich in sich selbst zusammenziehen und so außer sich die Leere, das Nichts entstehen lassen, in dem und aus dem er die Welt schaffen konnte. Ohne diese Rücknahme in sich selbst könnte es kein anderes außerhalb Gottes geben, und nur sein weiteres Zurückhalten bewahrt die endlichen Dinge davor, ihr Eigensein wieder ins göttliche ›alles in allem‹ zu verlieren.

Hierüber nun geht mein Mythos noch hinaus. Die Zusammenziehung ist total, als Ganzes hat das Unendliche, seiner Macht nach, sich ins Endliche entäußert und ihm damit überantwortet. Läßt das noch etwas übrig für ein Gottesverhältnis? Lassen Sie mich antworten mit einem letzten Zitat aus der frühen Schrift*.

Verzichtend auf seine eigene Unverletzlichkeit erlaubte der ewige Grund der Welt zu sein. Dieser Selbstverneinung schuldet alle Kreatur ihr Dasein und hat mit ihm empfangen, was es von Jenseits zu empfangen gab. Nachdem er sich ganz in die werdende Welt hineingab, hat Gott nichts mehr zu geben: Jetzt ist es am Menschen, ihm zu geben. Und er kann dies tun, indem er in den Wegen seines Lebens darauf sieht, daß es nicht geschehe, oder nicht zu oft geschehe, und nicht seinetwegen, daß es Gott um das Werdenlassen der Welt gereuen muß. Dies könnte wohl das Geheimnis der unbekannten ›sechsunddreißig Gerechten‹ sein, die nach jüdischer Lehre der Welt zu ihrem Fortbestand niemals mangeln sollen und zu deren Zahl in unserer Zeit manche der erwähnten ›Gerechten aus den Völkern‹ gehört haben möchten: daß kraft der Überwertigkeit des Guten über das Böse, die wir der nichtkausalen Logik der dortigen Dinge zutrauen, ihre verborgene Heiligkeit es vermag, zahllose Schuld aufzuwiegen, die Rechnung einer Generation gleichzustellen und den Frieden des unsichtbaren Reiches zu retten.

Meine Damen und Herren! All dies ist Gestammel. Selbst die Worte der großen Seher und Beter, der Propheten und Psalmisten, die außer Vergleich stehen, waren ein Stammeln vor dem ewigen Geheimnis. Auch jede Antwort auf die Hiobsfrage kann nicht mehr als das sein. Die meine ist der des Buches Hiob entgegengesetzt: Die beruft die Macht*fülle* des Schöpfergottes; meine seine Macht*entsagung*. Und doch –

---

* A. a. O., S. 60.

seltsam zu sagen – sind beide zum Lobe: Denn der
Verzicht geschah, daß wir sein könnten. Auch das, so
scheint mir, ist eine Antwort an Hiob: daß in ihm Gott
selbst leidet. Ob sie wahr ist, können wir von keiner
Antwort wissen. Von meinem armen Wort dazu kann
ich nur hoffen, daß es nicht ganz ausgeschlossen sei
von dem, was Goethe im ›Vermächtnis altpersischen
Glaubens‹ in die Worte faßte:

»Und was nur am Lob des Höchsten stammelt,
Ist in Kreis’ um Kreise dort versammelt.«

Laudatio
anläßlich der Verleihung des
Dr. Leopold-Lucas-Preises 1984

von

Otfried Hofius

Dr. Leopold Lucas, dessen Gedächtnis der heute zu verleihende Preis gewidmet ist, wurde am 18. September 1872 in Marburg geboren. Er studierte in Berlin orientalische Sprachen, Geschichte, Philosophie und Judaistik und promovierte 1895 in Tübingen mit einer Dissertation über »Die Geschichte der Stadt Tyrus zur Zeit der Kreuzzüge« zum Doktor der Philosophie. Im Jahre 1899 übernahm er das Amt des Rabbiners an der jüdischen Gemeinde in Glogau, der er fast 40 Jahre als Prediger, Lehrer und Seelsorger diente. Der wissenschaftlichen Forschung blieb Dr. Lucas auch in diesen Jahren aktiv verbunden. Auf seine Initiative hin wurde 1902 die »Gesellschaft zur Förderung der Wissenschaft des Judentums« gegründet, als deren erster Schriftführer er sich bleibende Verdienste erworben hat. In Würdigung seiner wissenschaftlichen Publikationen erwählte ihn die Athener Byzantinische Gesellschaft 1911 zu ihrem Mitglied.

Anfang 1941 folgte der fast 70jährige Gelehrte einem Ruf als Dozent für Biblische Literatur und für Geschichte an die Hochschule für die Wissenschaft des Judentums in Berlin. Im Dezember 1942 wurde Dr. Lucas zusammen mit seiner Frau nach Theresienstadt deportiert, wo er in aufopferungsvoller Weise seinen Leidensgenossen als Seelsorger zur Seite stand. Dr. Lucas starb am 13. September 1943, wenige Tage vor seinem 71. Geburtstag. Frau Dorothea Lucas, die ihren Mann in Theresienstadt unermüdlich unterstützt hatte, wurde im Oktober 1944 nach Auschwitz verschleppt und dort getötet. Dr. Lucas und seine Frau sind beide Opfer der nationalsozialistischen Terrorherrschaft geworden. Wir gedenken ihrer und aller Opfer des Naziregimes in Ehrfurcht.

Zum ehrenden Andenken an seinen Vater hat der Sohn, Ehrensenator Franz Lucas, den Dr. Leopold-Lucas-Preis gestiftet, der für hervorragende Arbeiten auf dem Gebiet der Theologie, der Geistesgeschichte, der Geschichtsforschung oder der Philosophie verliehen wird. Dem Statut der Stiftung entsprechend ist dabei ein Werk besonders zu berücksichtigen, »das zur Förderung der Beziehungen zwischen Menschen und Völkern wesentlich beiträgt«. Die Stiftung und die Verleihung des Preises erinnern so an die unabweisbare Verpflichtung des Wissenschaftlers, an seinem Ort und mit seinen Kräften dem Ungeist des Hasses und der Menschenverachtung entgegenzuwirken.

Der Preis für das Jahr 1984 ist zwei aus dem deutschen Judentum stammenden und in den USA lebenden Gelehrten zuerkannt worden: dem Philosophen Professor Dr. *Hans Jonas* und dem Historiker Professor Dr. *Fritz Stern.*

Hans Jonas wurde am 10. Mai 1903 in Mönchengladbach geboren. Nach dem Studium der Philosophie, Theologie und Kunstgeschichte promovierte er 1928 in Marburg zum Doktor der Philosophie. 1930 erschien die zu den klassischen Werken theologischer Hermeneutik gehörende Studie »Augustin und das paulinische Freiheitsproblem«. In der Erkenntnis, daß nicht nur der weitere wissenschaftliche Weg, sondern auch Zukunft und Leben durch den deutschen Faschismus bedroht seien, emigrierte Hans Jonas 1933 nach England. 1935 siedelte er nach Palästina über, wo er mehrere Jahre als Dozent an der Hebräischen Universität in Jerusalem lehrte. 1949 folgte er einem Ruf an die McGill University in Montreal, 1950 einem Ruf an die Carleton University in Ottawa. Von 1955 bis zu seiner Emeritierung wirkte er als Ordinarius für Philosophie an der New School for Social Research in New York.

Der Dr. Leopold-Lucas-Preis wird Herrn Professor Jonas verliehen »in Würdigung seiner religionsphilosophischen und anthropologischen Forschungen, insbesondere seiner grundlegenden Werke ›Gnosis und spätantiker Geist‹ und ›Das Prinzip Verantwortung. Versuch einer Ethik für die technologische Zivilisation‹«.

Den ersten Band der groß angelegten Monographie »Gnosis und spätantiker Geist« hat Rudolf Bultmann – sich öffentlich zur Person und zum Werk seines Schülers bekennend – 1934 in der von ihm betreuten Reihe der »Forschungen zur Religion und Literatur des Alten und Neuen Testaments« herausgegeben. Dieses Buch, dessen geplante Weiterführung der Faschismus zunächst verhinderte und das erst 20 Jahre später in einem zweiten Band seine Fortsetzung erfahren konnte, stellt aufgrund seiner gänzlich neuen Fragestellung und der dadurch gewonnenen tiefgründigen Sicht einen Markstein und Wendepunkt in der Gnosis-Forschung dar. Waren die älteren religionsgeschichtlichen Arbeiten vor allem um eine philologisch-motivgeschichtliche Analyse der verschiedenen gnostischen Systeme und der in ihnen vorliegenden Einzelvorstellungen bemüht, so ging es Hans Jonas um ein geistesgeschichtliches Verständnis der Gnosis als Ganzer, um eine philosophische Durchdringung des vielgestaltigen Materials, um die Erschließung der letzten inneren Einheit in der verwirrenden Vielfalt der gnostischen Systeme und Gedanken. Diese innere Einheit, von der her die Gnosis allererst als ein ganzheitliches Phänomen begreifbar wird, sah Hans Jonas in einem bestimmten Selbst- und Weltverständnis des spätantiken Menschen gegeben. In eindrucksvollen, der Existenzanalyse Martin Heideggers verpflichteten Textinterpretationen vermochte er die Daseinshaltung aufzuzeigen, die in den gnostischen Quellen ihren Ausdruck gefunden hat.

Hans Jonas hat die gnostische Daseinshaltung nicht nur meisterhaft dargestellt, er hat sie in späteren Arbeiten auch

einer wohlbegründeten Kritik unterzogen. Sein entschiedener Widerspruch gilt dem gnostischen Dualismus mit seiner
Entfremdung von Selbst und Welt – und also der Weltlosig-
keit des gnostischen Denkens, der der Verzicht auf eine dem
Kosmos als Ganzem verpflichtete Ethik korrespondiert. Die
damit geäußerte Kritik, die sich zugleich gegen analoge philosophische Konzeptionen der Moderne und gegen bestimmte Erscheinungsformen christlicher Theologie richtet,
prägt auch seine nach dem Zweiten Weltkrieg erschienenen
philosophischen Untersuchungen bis hin zu dem 1979 veröf-
fentlichten Buch »Das Prinzip Verantwortung« und der ihm
ergänzend an die Seite tretenden Studie »Macht oder Ohnmacht der Subjektivität? Das Leib-Seele-Problem im Vorfeld
des Prinzips Verantwortung« (1981). Eine wichtige Station
auf dem Weg zu diesen beiden Schriften bildet das besonders
zu erwähnende Buch »Organismus und Freiheit. Ansätze zu
einer philosophischen Biologie« (1973).

Das beherrschende Anliegen von Hans Jonas liegt darin,
den philosophischen Anthropozentrismus zu überwinden
und Welt und Natur ganz neu in den Blick zu fassen. Er hat
den Mut, in Abkehr von positivistischen Tendenzen der
Philosophie des 20. Jahrhunderts die metaphysisch-ontolo-
gische Frage wieder aufzunehmen. In kritischer Auseinandersetzung mit überkommenen Konzeptionen, deren Wahr-
heitsmomente er gleichwohl festzuhalten bestrebt ist, sucht
er eine umfassende Theorie der geschöpflichen Wirklichkeit
zu entwickeln und den Menschen als in diese Wirklichkeit
eingebettet zu begreifen. Im Zusammenhang mit der Her-
ausarbeitung des Lebens- und Organismusbegriffs gelingt es
ihm, elementare Phänomene wie Tod und Endlichkeit in
ungewöhnlicher Eindringlichkeit zu bedenken. Die damit
nur eben angedeuteten philosophischen Überlegungen fin-
den ihre Zuspitzung in dem »Versuch einer Ethik für die
technologische Zivilisation«. Angesichts der modernen
Hochtechnologie und der von ihr ausgehenden Bedrohung

der Welt und des Menschen stellt Hans Jonas die herkömmlichen – anthropozentrischen, individualistischen und gegenwartsorientierten – ethischen Entwürfe als unzureichend in Frage. Für gefordert hält er eine Ethik, die sowohl die Dimension der Natur wie auch die Dimension der Zukunft in ihre Erwägungen einbezieht. Dabei ist die Natur nicht nur als der den Menschen tragende Daseinsbereich gesehen, sondern auch als eine um ihrer selbst willen gegebene – verletzliche – Größe, in die der Mensch eingebunden, der er zugeordnet und für die er verantwortlich ist. In der Verpflichtung des Menschen gegenüber der verletzlichen Natur und gegenüber der gefährdeten Zukunft der Menschheit gründet die Ethik der Verantwortung, die nach den Folgen und Fernwirkungen menschlichen Handelns fragt und deshalb die ethische Frage in neuer Weise an die Frage des Wissens und der Erkenntnis der Wirklichkeit rückbindet. Hans Jonas, dessen Darlegungen in manchen Zügen an – in der christlichen Theologie weithin vergessene – Einsichten der alttestamentlichen Weisheit erinnern, erblickt die mit dem »Prinzip Verantwortung« gestellte Aufgabe darin, »dem Menschen in der verbleibenden Zweideutigkeit seiner Freiheit, die keine Änderung der Umstände je aufheben kann, die Unversehrtheit seiner Welt und seines Wesens gegen die Übergriffe seiner Macht zu bewahren«.

Die Evangelisch-theologische Fakultät würdigt mit der heutigen Preisverleihung an Herrn Professor Jonas ein Œuvre von umfassender Gelehrsamkeit wie auch die Integrität und Eindringlichkeit des Bemühens, dem Menschen einer gefährdeten Zeit rational argumentierend und um Einsicht und Einverständnis werbend die Notwendigkeit einer Ethik der Verantwortung nahezubringen.

Der zweite Preisträger dieses Jahres, Herr Professor *Fritz Stern*, wurde am 2. Februar 1926 in Breslau geboren. Im Alter von 12 Jahren emigrierte er mit seinen Eltern in die USA. Nach dem Studium der Geschichte und der Sozialwissenschaften erwarb er 1953 an der Columbia University in New York den philosophischen Doktorgrad und damit die venia legendi. Er wirkte zunächst als Assistent Professor, bis er 1963 zum Ordinarius für Geschichte berufen wurde. Seit 1966 nimmt er neben seiner Forschungs- und Lehrtätigkeit als Seth Low Professor of History an der Columbia University eine ständige Gastprofessur für Geschichte an der Universität Konstanz wahr.

Der Dr. Leopold-Lucas-Preis ist Herrn Professor Stern zuerkannt worden »in Würdigung seiner grundlegenden Untersuchungen zur neueren deutschen Geschichte, insbesondere seines großen Werkes ›Gold und Eisen. Bismarck und sein Bankier Bleichröder‹«.

Wenn die wissenschaftlichen Forschungen des Historikers Fritz Stern sich vor allem auf die deutsche Geschichte des 19. und 20. Jahrhunderts konzentrieren, so ist der entscheidende Beweggrund dafür in den prägenden Eindrücken seiner Jugendjahre zu suchen. Er selbst schreibt in einem seiner Werke: »Für meine Generation und für Ältere war das Dritte Reich die zentrale gemeinsame Erfahrung unseres Lebens. Der Schatten Hitlers fiel auf unsere Jugend, und die wachsenden Schrecken seiner Herrschaft sind uns heute noch gegenwärtig . . . Die Erfahrung des Nationalsozialismus hat in den meisten von uns ein Gefühl für die Gebrechlichkeit der Freiheit zurückgelassen und die Überzeugung, daß der gesetzliche und moralische Schutzwall der Freiheit einer unerschütterlichen Verteidigung bedarf.« Auf dem Hintergrund dieser Worte muß das besondere Profil der Veröffentlichungen Fritz Sterns gesehen werden. Sie bieten eine gründliche wissenschaftliche Analyse und Darstellung der geschichtlichen Entwicklung, die dann im nationalsozialistischen Unrechtsstaat ihren unheilvollen Gipfel erreichte. Und sie sind von einem entschiedenen Engagement für die Freiheit, Würde und Menschlichkeit des Menschen bestimmt.

Der Frage nach den geistigen Wurzeln des Nationalsozialismus war bereits die Dissertation Fritz Sterns gewidmet. Ihre überarbeitete Fassung erschien 1963 in deutscher Übersetzung unter dem Titel: »Kulturpessimismus als politische Gefahr. Eine Analyse nationaler Ideologie in Deutschland.« Das Buch behandelt die im Deutschland des ausgehenden 19. und des frühen 20. Jahrhunderts verbreitete konservative Kulturkritik und zeichnet deren Ausgestaltung zu einer antiliberalen – zum Teil rassistisch und antisemitisch geprägten – völkischen Ideologie nach. In differenzierten Analysen vermag Fritz Stern sowohl die Verwurzelung dieser Ideologie in der deutschen Geistesgeschichte wie auch ihren Zusammenhang mit dem Nationalsozialismus aufzuzeigen. Fritz Stern hat seine Untersuchungen dann in zahlreichen Aufsätzen weitergeführt, in denen er vor allem auch die Interdependenz von Ideen und gesellschaftlich-politischen Gegebenheiten deutlich macht. Diese wichtigen Aufsätze vereinigt der Sammelband »Das Scheitern illiberaler Politik. Studien zur politischen Kultur Deutschlands im 19. und 20. Jahrhundert« (1974).

Das in der Urkunde über die Preisverleihung besonders hervorgehobene und in seiner deutschen Fassung 1978 veröffentlichte opus magnum »Gold und Eisen« ist das Ergebnis einer langjährigen und intensiven Beschäftigung mit einem reichen, vorher weithin unbekannten und unerschlossenen Quellenmaterial. Aus der Perspektive der Biographie Gerson von Bleichröders, des Bankiers Bismarcks, gewinnt Fritz Stern einen neuen Zugang zur Erfassung der Geschichte des zweiten deutschen Kaiserreiches. Denn in dem Lebensweg Bleichröders – in seinen Höhen wie in seinen Tiefen – spiegeln sich exemplarisch die politischen und wirtschaftlichen Machtverhältnisse wie auch die geistigen Entscheidungsprozesse der Bismarck-Ära. Das inhaltsreiche Buch beschreibt zugleich einen begrenzten, aber aussagekräftigen Abschnitt der Geschichte des Verhältnisses von Deutschen und Juden. Die spätere Katastrophe bahnt sich in der Zeit Bismarcks an.

Im Blick darauf sagt Fritz Stern über sein Buch: »Es ist ein
Bericht von Menschen, die Wind säten und nicht wußten,
daß eine spätere Generation Sturm ernten werde.«

»Wer Wind sät, wird Sturm ernten« – in diesem alttestamentlichen Weisheitswort (Hosea 8, 7) spricht sich die Einsicht aus, daß der Mensch selbst mit seinen Handlungen die
zukünftigen Folgen seines Tuns schafft und daß aus gegen-
wärtigen, in ihrer Tragweite nicht bedachten Entscheidungen ungeahntes Unheil erwachsen kann. Zu solcher Einsicht
möchte Fritz Stern den Leser seiner Arbeiten hinführen. Nirgends in seinen Werken maßt er sich an, Richter über die
Geschichte zu sein. Es geht ihm darum, jene Aufgabe zu
erfüllen, die er selbst in seinem Buch »Geschichte und Ge-
schichtsschreibung« (1966) dem Historiker zugewiesen hat.
Der Historiker ist – so legt Fritz Stern dort dar – *beidem*
verpflichtet: der Vergangenheit *und* der Gegenwart; und indem er dieser seiner doppelten Verpflichtung gerecht zu
werden sucht, nimmt er seine Verantwortung für die Gesellschaft wahr, in der er lebt und für die er schreibt.

Mit der Verleihung des Dr. Leopold-Lucas-Preises an
Herrn Professor Fritz Stern bekundet die Evangelisch-theologische Fakultät einem Gelehrten ihren Respekt, der mit
seinen bedeutenden Forschungen einen wesentlichen Beitrag
zur Erhellung der Vorgeschichte und der Hintergründe des
Nationalsozialismus geleistet hat und der gerade auch mit
seinem wissenschaftlichen Werk eindrucksvoll für die in jeder Zeit bedrohte Freiheit des Menschen eintritt.

Gesetzt aus der Bembo 10/11½, 8/9 und 9/10 (Linotron 202)
und gedruckt auf 80 gr. Werkdruckpapier
der Papierfabrik Niefern
von Gulde-Druck GmbH in Tübingen;
Einband von Heinr. Koch in Tübingen;
Umschlaggestaltung von Alfred Krugmann in Freiberg a. N.